SCHÜLER-LERNKRIMI
MATHEMATIK

SCHRECKEN HOCH DREI

Katharina Obermeyer

Compact Verlag

Story

Eigentlich versteht sich die elfjährige Marie nicht besonders gut mit ihrem großen Bruder Max. Der ist nämlich ein Mathegenie und löst am liebsten irgendwelche Rätsel- und Rechenaufgaben mit seiner Freundin Amanda, während Marie viel lieber mit ihrem besten Freund Jo Fußball spielt.
Doch eines Tages erhält Marie einen anonymen Brief: Sie soll ein Verbrechen aufklären! Eine kostbare Smaragdkette wurde gestohlen, und sie soll den Dieb finden. Aufgeregt machen Marie und Jo sich ans Werk. Doch bald stellen die beiden fest, dass sie ohne die Hilfe von Max und Amanda nicht weiterkommen, denn im Laufe der Ermittlungen muss so manches Rätsel geknackt werden. Marie ist zunächst gar nicht glücklich darüber, doch wider Erwarten werden die vier Spürnasen zu guten Freunden – und das ist nicht die einzige Überraschung, die der Fall mit sich bringt!

Die Ereignisse und die handelnden Personen in diesem Buch sind frei erfunden. Etwaige Ähnlichkeiten mit tatsächlichen Ereignissen oder lebenden Personen wären rein zufällig und unbeabsichtigt.

© 2010 Compact Verlag GmbH München
Alle Rechte vorbehalten. Nachdruck, auch auszugsweise,
nur mit ausdrücklicher Genehmigung des Verlages gestattet.
Redaktion: Christina Neiske
Fachredaktion: Rainer Wonisch
Produktion: Wolfram Friedrich
Titelillustration: Karl Knospe
Illustrationen: Horst Gebhardt
Typografischer Entwurf: Maria Seidel
Umschlaggestaltung: Carsten Abelbeck

ISBN 978-3-8174-9027-1
7290271

Besuchen Sie uns im Internet: www.compactverlag.de, www.lernkrimi.de

Vorwort

Sprache und Mathematik scheinen auf den ersten Blick nicht zusammenzupassen. Doch wenn man genauer hinsieht, gibt es viele Möglichkeiten, Sprache in den Mathematikunterricht zu integrieren und somit beide Gebiete zu verknüpfen. Die Idee dazu hat der Compact Verlag selbst geliefert – eine Reihe gelungener und erfolgreicher Lernkrimis liegt bereits vor.

Allerdings hat dieses Buch eine Besonderheit: Die Autorin Katharina Obermeyer war Lehramtsstudentin an der Friedrich-Alexander-Universität Erlangen-Nürnberg. Im Rahmen ihrer Prüfung zum Staatsexamen hat sie diesen Lernkrimi verfasst. Für diese besondere Abschlussarbeit wurde sie 2008 bei der Jahrestagung der Deutschen Mathematiker-Vereinigung in Erlangen mit einem Preis geehrt.

Durch die Zusammenarbeit des Compact Verlags mit dem Department Mathematik der Friedrich-Alexander-Universität Erlangen-Nürnberg, dem Verein zur Förderung der Mathematik in Erlangen und der Deutschen Telekom Stiftung Bonn ist dieser Schüler-Lernkrimi entstanden. „Mathematik macht Schule" heißt diese Aktion – ein schönes Motto, denn „Schrecken hoch drei" zeigt, dass Mathematik kein langweiliges und schwieriges Schulfach sein muss, sondern auch großen Spaß machen kann.

Ich wünsche allen Schülerinnen und Schülern viel Freude beim Lesen und beim Lösen der zahlreichen anregenden Aufgaben, die auf unterhaltsame Weise den Schulstoff vertiefen und zeigen, dass Mathematik im Leben sehr wichtig ist.

Karel Tschacher
Department Mathematik
Friedrich-Alexander-Universität Erlangen-Nürnberg

Inhalt

Lernkrimi 5
Abschlusstest 103
Lösungen 107
Lösungsschlüssel 125

Wie du diesen Krimi liest

Krimifreunde aufgepasst: Hier stimmt was nicht! Die einzelnen Textabschnitte unseres Compact Schüler-Lernkrimis „Schrecken hoch drei" sind völlig durcheinandergewürfelt. Um nun von einem Abschnitt zum nächsten zu gelangen, musst du erst ein bisschen nachdenken und eine kleine Mathematikaufgabe lösen. Die Ergebnisse der Aufgaben sind in einer Liste auf Seite 125 festgehalten, die dir anzeigt, auf welcher Seite die Geschichte weitergeht. Der neue Abschnitt beginnt jeweils nach dem roten Punkt. Anders als bei deinen Hausaufgaben wirst du hier also mit einer spannenden Kriminalgeschichte fürs Rechnen belohnt. Außerdem kannst du auf diese schnelle und einfache Weise deine Mathekenntnisse vertiefen, auffrischen und überprüfen!
Dieses Mathe-Training im handlichen Format bietet mit über 60 Übungen die ideale Trainingsmöglichkeit für zwischendurch. Schreibe die Lösungen einfach ins Buch! Die richtigen Antworten sind in einem eigenen Lösungsteil zusammengefasst.

Und nun kann die Spannung beginnen ...

Viel Spaß und Erfolg!

Schrecken hoch drei

Klettern – fallen – klettern – fallen, das waren die Gedanken, die Marie am Morgen durch den Kopf gingen. Sie war froh, dass sie nur schlecht geträumt hatte, aber die Gedanken an ihren Traum ließen sie noch nicht los.

Es war ein seltsamer Traum gewesen. Am Anfang befand sie sich auf einer wunderschönen Wiese mit zahlreichen Blumen und Schmetterlingen. Sie wusste gar nicht, was sie zuerst ansehen sollte. Doch vor lauter Begeisterung wurde sie bald unaufmerksam. Beim Herumtoben stürzte sie in einen 50 m tiefen Brunnen. Panisch versuchte sie, die glitschigen Wände wieder hochzuklettern, doch es war fast unmöglich. Immer wieder verlor Marie den Halt und stürzte in die Tiefe. Sie schaffte in einer Stunde nur 5 m an Höhe, und wenn sie dann eine kurze Pause einlegte, rutschte sie leider jedes Mal auch wieder 3 m ab.

Übung 1: Wie viele Stunden hätte sie wohl gebraucht, um endlich aus dem Brunnen zu gelangen?

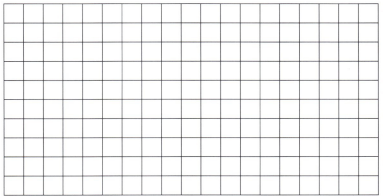

54

Plötzlich wurden die vier durch ein Geräusch unterbrochen. Der Türgriff, er bewegte sich! In wenigen Sekunden würde jemand den Raum betreten.

Schnell eilten die Freunde hinter die Kartons, sie waren ein gutes Versteck. Vor Angst klopfte ihnen das Herz bis zum Hals. Sie durften keinesfalls erwischt werden. Am Ende würde noch die Polizei gerufen und sie müssten mit aufs Revier … Wie ihre Eltern dann wohl reagieren würden? Keinesfalls durfte so etwas passieren!

Alle waren bemüht, keinen Laut von sich zu geben. Bald hörten sie Schritte, jemand betrat die Halle. Dann hörte man noch jemanden eintreten. Gebannt warteten die Freunde ab, was jetzt passieren würde.

Die Männer begannen zu reden. Marie merkte sofort, dass eine der Stimmen die gleiche war, die sie damals im Neuhauser Moor gehört hatte. Die andere Stimme kannte sie jedoch nicht.

„Professor Goldrausch wartet auf seine Lieferung", erklang die unbekannte Stimme. „Seit er Ihnen den Auftrag gegeben hat, haben Sie nichts mehr von sich hören lassen. Haben Sie denn die Kette überhaupt?"

„Sie haben sich an Mr. XXX gewandt, natürlich haben wir die Kette! Der Boss persönlich hat dafür gesorgt. Sie sollten mehr Vertrauen in seine Kompetenzen setzen. Er hat Ihnen eine Fährte legen lassen. Wissen Sie, er liebt Rätsel und spielt gern mit seiner Kundschaft", antwortete der andere.

„Die Hinweiskette führte zu unserem Mittelsmann. Da Sie dort nicht schnell genug aufgetaucht sind, habe ich das Paket selbst wieder abgeholt, sonst wäre es womöglich noch in falsche Hände geraten. Unser Mittelsmann ist manchmal etwas vergesslich, aber dafür völlig unverdächtig und die perfekte Tarnung."

„Dann rücken Sie raus damit, Professor Goldrausch hat schon lange genug darauf gewartet!", forderte der Unbekannte.

„Jetzt aber mal langsam, Sie vergreifen sich im Ton! Außerdem habe ich sie nicht hier. Meinen Sie, ich trage eine derart wertvolle Antiquität in der Hosentasche mit mir herum? Sie sind wohl noch nicht lang dabei, oder? Na gut, ich werde sie so schnell wie möglich herbeischaffen. Ein paar Tage kann es aber dauern, ich habe schließlich noch andere Aufträge zu erfüllen. Und zuerst will ich Kohle sehen!"

Der andere war offenbar einverstanden. Als Nächstes schien eine Geldübergabe stattzufinden – viel konnten die vier Freunde leider nicht erkennen. Viel zu spät, nämlich als das Gespräch schon vorbei war, fiel Marie ein, dass sie ja ein Diktiergerät dabeihatte. Doch es hätte zu viel Lärm gemacht, es aus dem Korb herauszukramen, deshalb drückte sie blind eine Taste.

Übung 54: Mit welcher Wahrscheinlichkeit wird nun wirklich aufgezeichnet, wenn das Gerät die sechs Tasten „Aufnahme", „Wiedergabe", „Ausschalten", „Löschen", „Vorwärts" und „Rückwärts" besitzt?

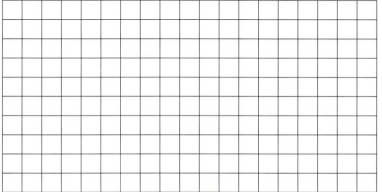

Kein Wunder, dass Marie und Max fast eine Viertelstunde zu spät am Treffpunkt erschienen. Amanda wartete schon ziemlich lange, wohingegen Jo natürlich auch gerade erst eingetroffen war, mit frisch repariertem Fahrrad.

„Und dann schimpf noch einmal, dass ich immer zu spät komme!", neckte Jo Marie.

„Normalerweise bin ich aber pünktlich, wir haben uns nur in der Entfernung verschätzt!", versuchte sich Marie zu verteidigen.

Amanda unterbrach die beiden: „Das spielt ja jetzt keine Rolle mehr, wir haben schon viel zu viel Zeit verloren! Lasst uns endlich klingeln, sonst kommen wir heute gar nicht mehr voran!"

Max stimmte zu: „Du hast recht, also auf, Marie!"

„Wieso denn ich?", gab Marie erschrocken zurück. „Du bist der Älteste, du machst das!"

„Und an wen war der Brief adressiert?", erwiderte Max.

„Das ist nicht fair, immer darf ich die unangenehmen Aufträge erledigen!"

Die Diskussion wäre vermutlich in einen Streit ausgeartet, wenn Amanda nicht eingegriffen hätte.

„Bevor ihr euch jetzt noch zerfleischt, machen wir ein kleines Spielchen", schlug sie vor. „Ich stelle euch eine Aufgabe, und wer sie nicht lösen kann, muss klingeln! Wenn ihr alle die richtige Lösung findet, klingle ich."

Übung 25: Die Aufgabe lautete folgendermaßen: Hannes ist 11 Jahre alt, Martin ist 10 und Julian 9 Jahre alt. In wie vielen Jahren werden alle drei zusammen 99 Jahre alt sein?

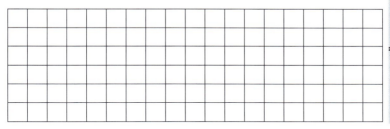

Marie, Max, Amanda und Jo hatten den Tag mit den verschiedensten Gesellschaftsspielen verbracht. Als es 18:00 Uhr war, beschlossen die vier Freunde, für heute Schluss zu machen. Am nächsten Vormittag wollten sie sich wieder treffen, um zusammen auf die E-Mail zu warten. Wenn Kirsty heute noch schreiben würde, wäre es ohnehin zu spät für weitere Schritte.

Jo und Amanda gingen nach Hause und Max und Marie verbrachten den Abend vor dem Fernseher. Maries Laune hatte sich immer noch nicht gebessert. Sie ging weiterhin davon aus, dass der ganze Fall ein dummer Scherz war.

Am nächsten Morgen standen Jo und Amanda pünktlich um zehn Uhr vor der Tür. Auf Jos und Amandas Drängen hin rief Marie sofort ihre E-Mails ab – und tatsächlich: Sie hatte eine E-Mail von Kirsty erhalten! Jetzt war Marie doch etwas aufgeregt. Gebannt blickten die vier Freunde auf den Bildschirm, als Marie die E-Mail öffnete. Sie bestand nur aus einem einzigen Satz: „Sie ist wirklich nicht mehr da!"

Es herrschte vollkommene Stille in Maries Zimmer. Marie konnte es nicht fassen. Wie war das möglich? Ungläubig las sie die E-Mail noch einmal, aber dort stand es schwarz auf weiß. Die Kette war verschwunden, es musste sich also um ein echtes Verbrechen handeln.

Nach einigen Sekunden des Schweigens ergriff Max das Wort. Er sprach aus, was alle dachten: „Der Fall ist also doch noch nicht abgeschlossen! Wir müssen jetzt überlegen, wie wir weiter vorgehen!"

„Und wie soll das gehen?", fragte Marie. „Wir wissen zwar jetzt, dass die Kette wirklich verschwunden ist. Aber wir haben keine Hinweise mehr, denen wir nachgehen können."

Da hatte sie recht. Sie waren bereits jedem Hinweis nachgegangen.

„Langsam!", wandte Jo ein. „Wir haben noch eine Möglichkeit. Vielleicht kann sich die alte Dame ja doch noch an mehr erinnern. Sie war ja eigentlich sehr freundlich, ich könnte ihr noch einen Besuch abstatten. Einen Versuch wäre es auf jeden Fall wert."

„Keine schlechte Idee!", rief Amanda.

„Du besuchst die alte Dame und wir vertreiben uns hier die Zeit und warten auf dich."

Es war also ein neuer Plan gefasst. Jo machte sich auf den Weg und die drei anderen beschlossen, zum Zeitvertreib ein neues Spiel zu basteln. Da sie gestern auch Domino gespielt hatten und ihnen das Spiel einfach zu farblos war, sollte ein farbiges Domino-Spiel erstellt werden. Anstatt derselben Nummern musste man bei dieser Variante dieselben Farben aneinanderlegen.

Übung 45: Es stehen die Farben Blau, Rot, Grün, Gelb, Lila, Orange und Weiß zur Verfügung. Wie viele Steine müssen Marie, Max und Amanda basteln, wenn jeder Stein nur ein Mal vorkommen darf? Dabei kann jeder Stein ein- oder zweifarbig sein.

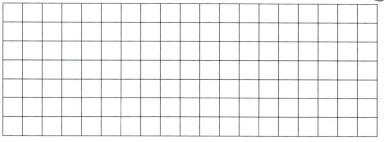

„Fertig!"

Max konnte es nicht glauben: Seine kleine Schwester hatte ihn doch tatsächlich geschlagen, und dabei war er doch schon bei 41!

„Da guckst du, was?", spottete Marie. „Und nun gib mir den Schlüssel! Wir treffen uns in zwei Stunden wieder, und dann will ich Ergebnisse sehen!"

„Kein Problem, Chefin!", lächelte Amanda.

Sie lachte tatsächlich über Maries Humor!

„Vielleicht ist sie ja gar nicht so schlimm", dachte sich Marie, als sie zum Telefon ging, „mit Max kann man ja schließlich auch auskommen!"

Eilig wählte sie Jos Nummer. Der ging auch direkt an den Apparat.

„Pass auf, Jo, du wirst staunen, was passiert ist!", sprudelte es aus Marie heraus.

„Ich kann jetzt nicht", fiel Jo ihr ins Wort. „Meine Oma will mal wieder, dass ich für sie rechne! Es kann sich also nur noch um Stunden handeln!"

„Her mit der Aufgabe! Die lösen wir schnell, und dann bewegst du dich sofort hierher, denn wir haben das Kästchen geöffnet! Aber zuerst die Aufgabe, los!", befahl Marie.

Übung 18: Oma Elfriede möchte sich einen neuen Sommerhut kaufen. In der Boutique Schick kostet er 24 €. Sie könnte ihn aber auch beim Versandhaus bestellen. Dort würde der Hut zwar 25 € kosten und zusätzlich würden 1,25 € für Porto und Verpackung berechnet, jedoch bekäme Oma Elfriede als langjährige Kundin 10 % Rabatt auf den Preis des Hutes.
Welches Angebot ist günstiger und wie viel muss Oma Elfriede bezahlen?

An diesem Abend lag Marie lange wach. Es beschäftigte sie sehr, dass sie so viel Zeit und Mühe investiert hatten, ohne etwas zu erreichen. Vielleicht hatte ihnen auch jemand einen Streich gespielt?

Als sie am nächsten Tag aufwachte, wäre sie am liebsten den ganzen Tag im Bett geblieben, aber der Hunger drängte sie dann schließlich doch ins Esszimmer. Das Frühstück im Hause Bergmann lief sehr wortkarg ab. Marie und Max waren beide sichtlich schlecht gelaunt und Frau Bergmann beschloss, ihre Kinder jetzt lieber nicht anzusprechen. Herr Bergmann hatte das Haus bereits verlassen.

Es war ein wunderschöner Tag, aber die beiden Geschwister

schauten drein, als wäre gestern die Welt untergegangen. Jeder schlürfte sein Müsli für sich und mied die Blicke des anderen. Die gestrige E-Mail hatte sie hart getroffen. Ihr Detektivleben schien auf einen Schlag vorbei.

Max war genervt von der Stille am Tisch, er langweilte sich. Er hatte sich so gefreut, endlich einmal sein Wissen in der Realität anwenden zu können. Aber nun musste er sich wohl wieder seinen fiktiven Aufgaben zuwenden.

Übung 38: Im Kopf begann er, ein Zahlenrätsel zu lösen: Das Produkt aus dem Vorgänger und Nachfolger einer natürlichen Zahl ist 2915. Um welche Zahl handelt es sich?

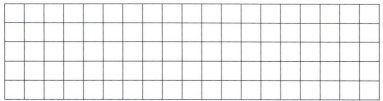

„Viel zu lange", seufzte Marie. „Zum Glück war das nur ein schlechter Traum!"

Eigentlich war es auch egal, denn es gab Wichtigeres an diesem Tag als schlechte Träume. Marie hatte sich schon seit Wochen auf ihren elften Geburtstag gefreut, und heute, am 2. August, war es endlich so weit! Die Sonne lachte durchs Fenster. Es könnte ein perfekter Tag werden.

Plötzlich ging die Tür auf und eine wohlbekannte Stimme schrie: „Hey, du Schlafmütze, steh endlich auf! Ich will Geburtstagskuchen, und ohne ausgeblasene Kerzen geht das ja leider nicht!"

Und schon war die Tür wieder zu. Marie hörte draußen noch leises Gemurmel, so nach dem Motto: „Ach, übrigens, alles Gute zum Geburtstag."

„Typisch Max", dachte Marie. Die Bergmann-Geschwister verstanden sich nicht besonders gut. Vielleicht waren sie einfach zu unterschiedlich. Max war ein Musterschüler, vor allem die Mathematik hatte es ihm angetan. Dagegen interessierte Marie sich nicht besonders für die Schule. Sie war keine schlechte Schülerin und hatte die fünfte Klasse Gymnasium auch mit einem recht ordentlichen Zeugnis abgeschlossen. Vom Lernen wollte sie aber nicht viel wissen. Viel lieber zog sie mit ihrem besten Freund und Banknachbarn Jonathan, genannt Jo, im Dorf herum und stellte Unsinn an. Doch heute hatte Max ganz recht, es war wirklich Zeit, aufzustehen. Schließlich wollte Marie nicht den Tag verschlafen, auf den sie sich so lange gefreut hatte.

Sie ging also ins Bad, machte sich frisch und stand dann vor einem Problem. Sie konnte sich einfach nicht entscheiden, was sie anziehen sollte. Ist ja auch ganz schön schwierig bei der Auswahl!

ÜBUNG 2

Übung 2: In Maries Kleiderschrank befinden sich 10 T-Shirts, 5 Hosen und 3 Röcke. Wie viele verschiedene Outfits kann sie zusammenstellen, die jeweils aus einem Ober- und einem Unterteil bestehen?

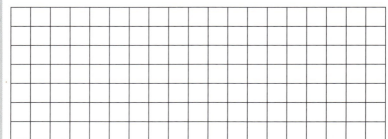

Max hatte Glück. Der Korb ging noch geradeso durch das Loch im Zaun. Erleichtert reichte er ihn zu Marie durch und kletterte dann ebenfalls über den Zaun auf das Fabrikgelände zu den anderen.

„Und was nun?", fragte Amanda.

„Nehmen wir uns die erste Halle vor", schlug Marie vor.

„Aber wir müssen sehr leise und vorsichtig sein", sagte Jo. „Wenn uns jemand hier erwischt, bekommen wir bestimmt großen Ärger!"

Vorsichtig näherten sich die Kinder der Halle. Sie waren alle sehr aufgeregt. Glücklicherweise war die Tür nicht abgeschlossen. Der Raum glich einer riesigen Rumpelkammer. Überall stapelten sich Kartons in den verschiedensten Größen und es roch nach alten Chemieprodukten. Die Halle sah aus, als wäre sie seit Jahren nur noch als Mülhalde benutzt worden. Als Versteck schien sie allerdings ideal.

Jeder der vier Freunde bekam nun eine Ecke zugewiesen, die er durchforsten sollte. Doch niemand wurde fündig. Es wimmelte hier von Müll und Fehlfabrikaten, aber eine Smaragdkette hatte niemand erblickt.

An einer Seite des Raumes stand eine ganze Reihe Pappkartons. Diese sollten das nächste Ziel der Untersuchung sein. Sie waren nicht zugeklebt, also konnten die vier Freunde den Inhalt genau inspizieren.

Jeder nahm sich also erst einmal einen Karton vor. Es befanden sich verschiedenste Dinge darin wie Reagenzgläser, Plastikschachteln oder Pipetten.

„Seid bloß vorsichtig, dass nichts kaputtgeht, sonst schneidet ihr euch noch!", flüsterte Amanda.

ÜBUNG 53

Übung 53: Wären in Amandas Karton 5 Reagenzgläser mehr als in dem von Max, dann wären in beiden Kisten zusammen 29. Aber in Amandas Karton sind 5 Reagenzgläser weniger. Wie viele befinden sich in ihrem Karton?

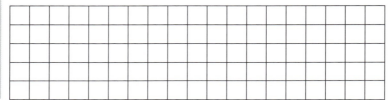

Als Kirsty Smith sah, dass sie nach längerer Zeit wieder eine E-Mail von ihrer Freundin Marie aus Deutschland bekommen hatte, freute sie sich sehr. Marie und Kirsty schrieben sich seit etwa zwei Jahren E-Mails. Kirsty war schon 13 und sprach recht gut Deutsch. Maries Englisch war aber auch annehmbar und so konnten die beiden Mädchen in beiden Sprachen kommunizieren. Kennengelernt hatten sie sich im Internet. In einem internationalen Fußballchat waren sie ins Gespräch gekommen. Nach mehreren Wochen des Chattens trauten sie sich dann, ihre E-Mail-Adressen auszutauschen. Da Internetbekanntschaften ja manchmal gefährlich sein können und man nie wissen kann, wer wirklich am anderen PC sitzt, hatten die Eltern der beiden Mädchen zuerst Bedenken gehabt. Aber als klar war, dass es sich tatsächlich um zwei Schulmädchen handelte, hatten sie nichts mehr dagegen gehabt.

Kirsty war ein sehr freundliches, aufgeschlossenes und hilfsbereites Mädchen, und obwohl sie Marie noch kein einziges Mal persönlich gesprochen oder gar gesehen hatte, war sofort klar, dass sie den vier Freunden helfen würde.

Die Smiths lebten in Wintertown, einer netten englischen Kleinstadt. Kirsty, die in den kompletten Fall eingeweiht worden war, sollte nun einen gewissen Gregory Miller-

Greenberg ausfindig machen, der anscheinend aus Wintertown stammte. Da die von Marie geschilderten Geschehnisse relativ aktuell schienen, nahm Kirsty sich erst einmal die Tageszeitung vor. Vielleicht war dort etwas Passendes zu finden.

Übung 30: Die Tageszeitung besteht aus einem einzigen Heft. Die Seiten 18 und 47 sind auf derselben Oberfläche eines Blattes. Wie viele Seiten muss Kirsty also insgesamt überfliegen? Nimm das Ergebnis mal 2!

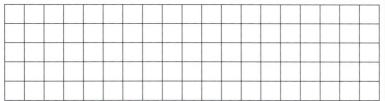

Es war also 23:00 Uhr. Immer noch Totenstille. Da, Schritte! Es kam jemand auf die Gruppe zu. Man hörte Geflüster, es waren zwei Männerstimmen.
„Meinst du wirklich, hier ist es gut genug?", fragte der eine.

„Na klar, jetzt hör auf, zu quatschen, und grab, damit wir hier schnell wieder weg sind!", erwiderte der andere.

Die beiden Männer hatten sich direkt vor Marie, Max und Jo positioniert und fingen an, mitten auf dem Feldweg ein Loch zu graben. Was würde passieren, wenn man sie entdeckte? Würden die Männer sie entführen oder gar noch Schlimmeres tun? Die Freunde saßen eng aneinandergedrückt unter ihrer Decke. Keiner wagte, zu reden, keiner wagte, sich zu bewegen. Sie hatten wahnsinnige Angst.

Und dann passierte es: Jo musste niesen. Er schaffte es zwar noch, sich die Hand vor den Mund zu halten, aber es war doch deutlich zu hören. Jetzt wurde die ganze Sache gefährlich. Würden sie entdeckt werden? Einer der beiden Männer kam auf sie zu, er stand sogar auf Max' Fuß.

Den Kindern stockte der Atem.

„Jetzt ist alles aus!", dachte Marie.

Doch der andere Mann sagte nur: „Da war nichts. Grab weiter!"

„Wenn du meinst…" Er ging zurück zu seinem grabenden Gefährten.

Puh, das war noch mal gut gegangen! Jetzt durften die drei aber durch nichts mehr auffallen. Glücklicherweise passierte auch nichts mehr, und bald schaufelten die dubiosen Männer das Loch wieder zu. Die Kinder konnten nicht erkennen, was sich darin befand, aber sie würden es sicher bald erfahren.

Mit Erleichterung nahmen die drei dann plötzlich wahr, dass die Männer wieder verschwanden. Immer noch steif vor Angst blieben die Schüler unter ihrer Decke sitzen. So etwas hatten sie noch nie erlebt.

Die Minuten verstrichen, ohne dass sich jemand bewegte. Max hielt das Nichtstun irgendwann nicht mehr aus, er brauchte Ablenkung. Zum Glück fiel ihm schnell ein Rätsel ein.

Übung 14: Mit dieser Aufgabe beschäftigte sich Max: Gib alle dreistelligen Zahlen mit der Quersumme 5 an und addiere sie!

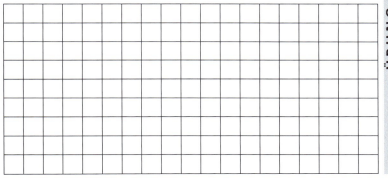

„Nicht schlecht!", sagte Marie. „Aber ich glaube, wir sollten uns jetzt um andere Dinge kümmern."

„Du hast recht!", stimmte Max zu. „Also, zu einem Postfach gehört der Schlüssel nicht. Ich hoffe, ihr hattet mehr Glück!"

„Ja, hatten wir! Und wir haben auch den nächsten Hinweis", platzte es aus Jo heraus.

Schon lag der Brief auf Max' Schreibtisch. Keiner der vier traute sich, ihn zu öffnen. Es war Marie, die schließlich den Brieföffner nahm und den Umschlag aufriss. Langsam holte sie einen Brief hervor. Er war auf gewöhnlichem weißen Papier geschrieben. Die Handschrift wirkte altmodisch und war schwer zu entziffern. Marie gelang es nicht, den ersten Satz vorzulesen.

„Gib ihn mir mal!", forderte Amanda Marie auf. „Meine Oma schreibt so ähnlich, ich müsste das entziffern können."

Und tatsächlich: Ohne größere Probleme konnte Amanda den kompletten Brief vortragen:

Sehr geehrter Professor Goldrausch,

alles verläuft nach Plan. Ich habe sie. Während ich diesen Brief schreibe, halte ich sie in meinen Händen. Sie strahlt und strahlt und strahlt. Ich kann verstehen, warum Sie sie unbedingt ihr Eigen nennen wollen.

Es war nicht leicht, sie zu bekommen, und ich hoffe, Sie wissen das zu schätzen. Ich spreche hier über eine angemessene Bezahlung, wenn sie mich nicht zum Feind haben wollen.

Ich habe ein Paket für Sie hinterlegt. Schönhof Schillerstraße, das ist eine Sackgasse. Am Ende befinden sich drei Häuser. In dem einen wohnt mein Mittelsmann, im anderen ein Postbeamter und das dritte steht leer. Das weiße Haus steht links neben dem gelben Haus. Der Postbeamte wohnt links von meinem Mittelsmann. Das rote Haus steht rechts vom leerstehenden Haus. Mein Mittelsmann wohnt rechts des roten Hauses. Er erwartet Sie bereits.

Mit Hochachtung

Mr. XXX

„Jetzt wissen wir ja, wo wir als Nächstes hinmüssen!", rief Max.

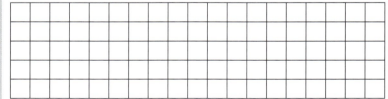

Übung 22: Kannst du aus den Angaben des Briefes ebenfalls herauslesen, welche Farbe das Haus des Mittelsmanns hat?
Weiß hat die Nummer 56, Rot die 78 und Gelb die 67.

Der nächste Besucher war dann wirklich Jo.
„Hallo Marie, alles, alles Gute! Tut mir leid, dass ich zu spät bin, aber ich musste noch deine Geburtstagskarte fertig basteln", sagte er entschuldigend.
Marie war schon etwas sauer, aber als sie die liebevoll gebastelte Karte und die CD ihrer Lieblingsband in der Hand hielt, die Jo ihr geschenkt hatte, konnte sie ihm einfach nicht mehr böse sein.
Alle Gäste waren nun anwesend und alle Wünsche erfüllt, die Party konnte losgehen. Frau Bergmann sorgte dafür, dass sich alle um den Esstisch versammelten. Es wurde Zeit, die Pizza zu bestellen. Doch wieder gab es ein Problem. Marie wollte unbedingt Pizza Hawaii, aber Jo war allergisch gegen Ananas. Amanda hasste Schinken und Max wollte keinesfalls darauf verzichten. Auch der von Frau Bergmann gewünschte Thunfisch fand nicht viel Anklang. Nach langem Gerede konnten sich dann doch alle auf eine Sorte Familienpizza einigen. Die Wahl fiel auf eine Pizza mit Salami, Champignons und Peperoni.

Übung 7: Kein Wunder, dass es beinahe Streit gegeben hätte – es gab einfach zu viele Möglichkeiten, die Pizza zusammenzustellen. Wie viele waren es genau, wenn die Pizza mit drei Belägen zusammengestellt werden konnte?
Mögliche Beläge sind: Salami, Schinken, Champignons, Ananas, Peperoni, Thunfisch, Zwiebeln, Krabben, Paprika.

Nach ungefähr einer halben Stunde Fußmarsch hatte Kirsty die Butcherstreet erreicht, und Haus Nummer 24 war schnell gefunden. Es war ein sehr großes und schönes, aber auch sehr altes Haus. Die zahlreichen Pflanzen auf den Fensterbrettern verrieten, dass es bewohnt war. Nun musste Kirsty also allen Mut zusammennehmen und klingeln. Aber wo? An der Tür gab es zwei Klingeln, doch hier wohnte niemand mit Namen Miller-Greenberg. Kirsty fand nur die Namen Burns und Thomson. Seltsam, aber vielleicht konnte ihr jemand aus dem Haus weiterhelfen. Kirsty betätigte beide Klingelknöpfe und wartete. Nichts, kein Geräusch im Haus, und auch die Sprechanlage gab keinen Ton von sich. Kirsty versuchte es mehrmals, aber als sich nach zehn Minuten noch immer nichts tat, ging sie langsam die drei Stufen zur Eingangstür wieder hinunter.

Ein letztes Mal warf sie im Weggehen noch einen Blick auf das alte Haus. Da erspähte sie etwas, das ihr vorher gar nicht aufgefallen war. Sie war wohl zu sehr in Gedanken gewesen. Auf einmal spielte es keine Rolle mehr, dass niemand geöffnet hatte. Alle Informationen, die sie brauchte, waren an der Hauswand angebracht. Eine Gedenktafel trug den Schriftzug:

> GREGORY MILLER-GREENBERG
> GEBOREN: MDCCCLVIII
> GESTORBEN: MCMXXXII

Übung 35: Wie alt war Gregory Miller-Greenberg, als er starb?

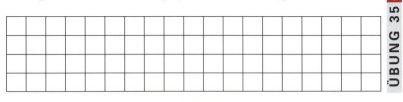

Da Kirsty doch recht häufig ins Museum ging, entschied sie sich schließlich für die Zehnerkarte, die die freundliche Kassiererin auch sofort abstempelte.

Nun war es Zeit, nach der Kette zu schauen. Um zu Wintertowns Schätzen zu gelangen, musste sie die Sonderausstellung durchqueren, die unter dem Motto „Moderne Kunst" stand. Eigentlich wollte sie nur ganz schnell durch den Saal hindurchlaufen, doch schon nach ein paar Metern verlangsamte sie unwillkürlich ihren Schritt, denn ihr fiel das folgende Kunstwerk auf:

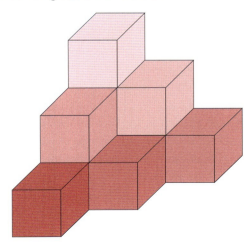

! Übung 43: Wie viele Vierecke bilden die Oberfläche dieses Körpers?

ÜBUNG 43

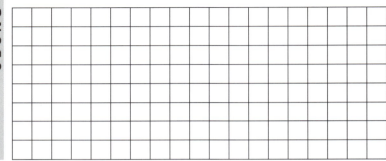

49

Marie war gerade mit der Lösung des Rätsels fertig geworden, da stürmte jemand ins Zimmer. Es war Jo. Alle Blicke waren auf ihn gerichtet.

„Na los, jetzt rück schon raus mit der Sprache!", schrie Marie aufgeregt.

Und schon begann Jo, wie ein Wasserfall von seinem Besuch bei der alten Dame zu erzählen.

Der Fall musste also auf jeden Fall etwas mit der Firma Gebringer zu tun haben, zumindest schien der Abholer des Pakets dort zu arbeiten.

„Bin ich froh, dass ich den Rasen nicht mähen musste!", amüsierte sich Max. „Aber die neue Information ist ja Gold wert! Jetzt müssen wir nur noch das weitere Vorgehen planen. Das ist doch was für dich, Schwesterherz!"

„Wenn du meinst!", stimmte Marie zu. „Auf jeden Fall sollten wir nicht zu viel Zeit verstreichen lassen, wir haben schon viel zu viel davon verschwendet. Wir müssen irgendwie in diese Fabrik gelangen. Ich würde vorschlagen, wir machen uns gleich auf den Weg. Ein Teil des Fabrikgebäudes ist nicht mehr in Gebrauch. Ich bin mir sicher, dass man da relativ gut hineingelangen kann. Und dann schauen wir uns einfach einmal um. Sind alle einverstanden?"

„Alles klar, so wird's gemacht!", sagte Amanda. „Ich muss nur noch schnell telefonieren. Hab' mein Handy dabei, es wird nicht lange dauern."

Während Marie, Jo und Max auf Amanda warteten, sprachen sie über Finderlohn, denn sie hofften ja, die Kette bald in ihren Händen zu halten. Ob wohl ein hoher Finderlohn darauf ausgesetzt war?

Übung 49: Wie hoch müsste der Finderlohn (in €) sein, damit Marie die nach den Ferien anstehende Klassenfahrt für alle ihre Klassenkameraden bezahlen könnte? Es fallen folgende Kosten an: Die Herberge kostet pro Schüler pro Tag 20 €, die Busfahrt insgesamt 576 €, ein Tierparkbesuch für alle zusammen 54 € und ein Museumsbesuch pro Schüler 1,50 €. Der Ausflug dauert 5 Tage und 28 Schüler nehmen daran teil.

Kirsty hätte ihrer Mutter gern beim Fertigstellen des Mobiles geholfen, aber dafür war jetzt keine Zeit. Schließlich galt es, ein mögliches Verbrechen aufzuklären! Sie brach also sofort zum Museum auf. Ein wenig plagte sie ihr schlechtes Gewissen, denn ihre Mutter ging natürlich davon aus, dass Kirsty zur Chorprobe ging. Doch der Fall war jetzt wichtiger.

Der heutige Tag brachte schönes Wetter mit sich, deswegen beschloss Kirsty, mit dem Fahrrad zu fahren, anstatt den Bus zu nehmen.

Während der Fahrt gingen ihr tausend Gedanken durch den Kopf. Es kam ihr äußerst seltsam vor, dass sie nichts über einen angeblichen Diebstahl in der letzten Zeit gehört hatte. So riesig war Wintertown nicht, wenn etwas Ungewöhnliches geschah, sprach sich das normalerweise sehr schnell herum. Und wenn die Kette wirklich verschwunden sein sollte, vielleicht hatte dann das Museum wegen Ermittlungen geschlossen.

Vor lauter Überlegen wäre Kirsty fast am Museum vorbeigefahren. Sie schloss ihr Fahrrad ab und stellte sich an der Kasse an. Das Museum von Wintertown war nicht besonders groß, aber gut besucht. Es gab eine Dauerausstellung, die einige sehr wertvolle Stücke aus der Wintertowner Geschichte zeigte, zu denen auch die Smaragdkette zählte, und zusätzlich fanden monatlich wechselnde Sonderausstellungen statt. So konnte man immer wieder etwas Neues entdecken.

Zuerst musste sie sich aber noch eine Eintrittskarte kaufen. Kirsty hatte die Wahl zwischen einer Einzelkarte für 1,80 Pfund und einer Zehnerkarte für 14 Pfund, die ab dem Kauftag genau ein Jahr gültig war. Sie überlegte, wie oft sie im vergangenen Jahr ins Museum gegangen war.

Übung 42: Ab wie vielen Besuchen im Jahr lohnt sich der Kauf einer Zehnerkarte? Addiere 11 zum Ergebnis!

ÜBUNG 42

Frau Bergmann war unterdessen nach draußen gegangen, um die Post zu holen. Als sie wiederkam, hielt sie einen Brief in der Hand.
„Marie, da ist schon wieder ein Brief ohne Absender für dich!"
Marie sprang vom Tisch auf. Vielleicht war doch noch nicht alles verloren, vielleicht bekamen sie eine neue Chance, den Verbrechern das Handwerk zu legen! Auch Max wurde aus seinen

Gedanken gerissen. Neue Hoffnung keimte auf. Die beiden Geschwister schauten sich an und wussten, dass sie das Gleiche dachten.

Marie schnappte sich mit einem „Danke!" den Brief, und schon stürmten die beiden Geschwister die Treppe hinauf.

„Halt, ihr habt ja euer Frühstück gar nicht aufgegessen!", rief Frau Bergmann ihnen nach, aber die beiden waren längst in Maries Zimmer verschwunden.

Frau Bergmann ließ sie gewähren und räumte die Essensreste weg. Sie war froh, dass sich die Geschwister endlich besser verstanden und dass sie wieder gut gelaunt waren, da konnte man über solche Kleinigkeiten schon einmal hinwegsehen.

In Maries Zimmer griff Max nach der Schere und wollte den Brief öffnen, doch Marie stoppte ihn: „Halt! Das ist nicht fair. Wir sollten erst Jo und Amanda Bescheid sagen, schließlich ist es mittlerweile auch ihr Fall! Ich würde den Brief auch am liebsten sofort aufreißen, aber die halbe Stunde werden wir dann auch noch warten können."

Amanda war schnell verständigt und machte sich sofort auf den Weg. Als Marie Jo anrief und dieser wieder einmal am Telefon herumstammelte, ahnte sie gleich, was los war.

„Was will deine Oma wissen? Her damit!"

Jo war erleichtert und berichtete: Seine Oma war immer sehr um die Gesundheit ihrer Freunde besorgt. Eine Dame in ihrem Freundeskreis war eine starke Raucherin. Jos Oma fand das gar nicht gut und Frau Grüns Gesundheitszustand wurde langsam auch schlechter. Die Oma wollte ihrer Freundin unbedingt das Rauchen abgewöhnen. Frau Grün rauchte jeden Tag 16 Zigaretten à 23 Cent. Da Frau Grün sehr sparsam war, wollte Jos Oma ihr zeigen, wie viel Geld sie pro Jahr (365 Tage) sparen könnte, wenn sie das Rauchen aufgeben würde.

Übung 39: Wie viel Euro sind das? Hilf Jo und Marie beim Rechnen!

ÜBUNG 39

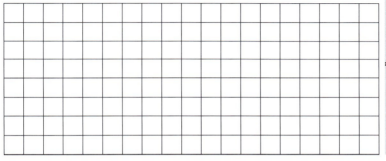

55

„Hoffentlich habe ich den richtigen Knopf erwischt!", dachte Marie.

Der unbekannte Mann hatte die Halle zwar verlassen, dafür schien der Mann aus dem Neuhauser Moor nun ein Telefongespräch zu führen. „Ein aufgezeichnetes Telefongespräch wäre ein hervorragendes Beweisstück", dachte Marie. Der Mann war bestens zu verstehen, denn die Halle hatte einen guten Raumklang und die vier Freunde waren weiterhin so leise, dass man eine Stecknadel hätte fallen hören können.

Das Gespräch lief folgendermaßen ab: „Ja, hallo, ich bin es. Du musst die Kette heranschaffen ... Ja, ich habe sie versteckt. Kennst du die Lichtung vom Schönhofer Wald unter dem großen Ahornbaum ... Okay, ich schick' dir 'ne E-Mail mit der Karte ... Was, erst übermorgen? ... Na ja, dann muss dieser Goldrausch eben warten. Bring sie mir dann übermorgen Mittag vorbei! Aber ich warne dich, wenn sie dann nicht da ist, such' ich mir einen neuen Partner! ... Alles klar, bis dann."

Danach verließ auch der zweite Gauner die Fabrikhalle.

Marie blickte auf ihr Diktiergerät. Sie hatte leider die Taste „Löschen" gedrückt.

Aber das Gespräch hatte sich allen ins Gedächtnis eingebrannt. Sie wussten nun, wo die Kette war. Die Freunde warteten noch ein paar Minuten, denn sie wollten keinesfalls draußen einem der Männer in die Arme laufen.

Also war wieder einmal Warten angesagt. Max vertrieb sich die Zeit, indem er im Kopf folgende Aufgabe löste:

ÜBUNG 55

Übung 55: Wie viele vierstellige Zahlen lassen sich aus den Ziffern 1, 4, 6 und 7 bilden, wenn eine Ziffer auch mehrmals vorkommen darf?

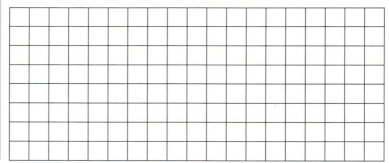

„Das war ja total einfach!", sagte Jo. „Irgendwie bekomme ich immer solche Angst, wenn mir Oma eine Aufgabe stellt, dass ich die einfachsten Dinge nicht mehr kann. Ich verstehe gar nicht warum. Na ja, zumindest habe ich jetzt die Lösung. Ich sage schnell noch meiner Oma Bescheid und dann komme ich zu euch. Bis gleich!"

Jo und seine Nervosität, das war ein Thema für sich. Marie wusste, dass er keineswegs dumm war, aber durch seine Aufregung verbaute er sich oft selbst den Weg.
Eine halbe Stunde später waren alle vier in Maries Zimmer versammelt. Jetzt konnte Max den Brief endlich öffnen. Amanda begann laut zu lesen:

Hallo Marie!
Ich bin es wieder, der anonyme Informant. Vielleicht habe ich dir doch zu wenig Hinweise zukommen lassen. Sicher hast du schon mit der alten Dame gesprochen, und Wintertown dürfte dir auch ein Begriff sein. Dennoch könnte ich mir vorstellen, dass du jetzt an einem Punkt angekommen bist, wo du nicht mehr weiterweißt. Doch auch wenn es schwer wird, gib nicht auf!
Zu viel will ich dir aber nicht verraten. Mein Anliegen ist nur, dir zu beweisen, dass es sich um ein echtes Verbrechen handelt. Die kostbare Smaragdkette „Treasure of Wintertown" aus dem dortigen Stadtmuseum ist verschwunden. Überzeuge dich selbst davon! Wie? Das ist deine Sache.

Viel Glück!

Der Brief kam Marie komisch vor.
„Irgendetwas stimmt da nicht. Woher weiß dieser anonyme Informant, dass wir gerade jetzt nicht mehr weiterwissen? Das geht doch nicht mit rechten Dingen zu! Vielleicht sollten wir den Brief entsorgen und die ganze Sache vergessen!"
Max und Jo waren ähnlicher Meinung. An der Sache schien etwas faul zu sein. Nur Amanda sah das anders.
„Wartet doch erst einmal ab!", wandte sie ein. „Fragen wir doch diese Kirsty, ob sie nicht im Museum nachgucken könnte, ob die

Kette noch da ist! Falls sie noch da ist, wissen wir, dass uns jemand veräppeln will, und wir lassen die ganze Angelegenheit auf sich beruhen. Wenn sie aber wirklich verschwunden ist, dann sollten wir weitere Ermittlungen durchführen."

„Amanda hat recht", pflichtete Jo bei. „Wir sind jetzt so weit gekommen, da können wir dies auch noch versuchen. Wenn es wieder ein Fehlschlag ist, dann vergessen wir das Ganze!"

Marie und Max waren einverstanden, und so kontaktierten sie ein zweites Mal Kirsty und baten um ihre Hilfe. Die vier Freunde hofften auf eine schnelle Antwort und beschlossen deshalb, den Tag im Haus der Bergmanns zu verbringen. Sie vertrieben sich die Zeit mit Gesellschaftsspielen.

ÜBUNG 40

Übung 40: Bei einem Spiel wurde mit Symbolwürfeln gespielt. Hier siehst du einen Würfel in zwei verschiedenen Positionen. Welches Symbol liegt dem Kreuz gegenüber?

Blitz = 41
Stern = 42
Kreuz = 43
Ring = 44
farbige Fläche = 45
Sonstiges = 46

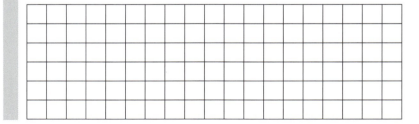

3

Nach viel Grübelei entschied sie sich dann schließlich für ihr lila Lieblings-T-Shirt und die kurze hellblaue Jeanshose, denn sie wollte vielleicht später noch mit Jo auf den Bolzplatz und da musste die Kleidung praktikabel sein.

In der Küche angekommen gab es dann Glückwünsche von Mama und Papa Bergmann, und Max ließ sich auch noch zu einem anständigen Geburtstagsgruß hinreißen. Vielleicht wollte er aber auch nur ein besonders großes Stück Geburtstagtorte.

Doch bevor Marie die Kerzen ausblies, wandte sie sich ihren Geschenken zu. Eine Kette, ein Fußball, ein neues T-Shirt und das PC-Spiel, das sie unbedingt haben wollte, da konnte man doch zufrieden sein! Fast alle ihre Wünsche waren erfüllt worden, es fehlte nur noch die neue CD von ihrer Lieblingsband.

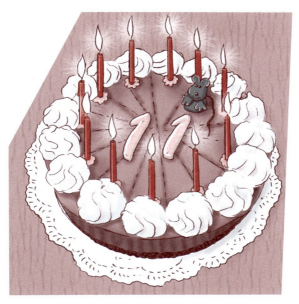

ÜBUNG 3

! *Übung 3: Wie jedes Jahr hatte Maries Mama neben der Torte noch vier weitere Kerzen platziert. Diese sind jeweils 15 cm lang und jede Kerze brennt pro Minute 1 mm herunter. Wie üblich wurde um Punkt neun Uhr die erste Kerze angezündet, dann eine Minute später die nächste, wieder eine Minute später die nächste und noch eine Minute später die letzte Kerze. Wann genau erlischt die letzte Kerze? Gib die Uhrzeit an!*

Kirsty setzte ihren Weg fort und kam schließlich halbwegs trocken in der Bücherei an. Nachdem sie ihr Regencape und den Schirm in der Garderobe verstaut hatte, gab sie zuerst ihre Bücher zurück. Das war auch höchste Zeit, einen Tag später wäre eine Überziehungsgebühr fällig geworden! Dann konnte sie sich auf die Suche nach Gregory konzentrieren. Sie setzte sich an den PC und suchte im Katalog nach dem Stichwort „Gregory Miller-Greenberg". Tatsächlich gab es einige Treffer, aber es waren nur Bücher, deren Autoren aus Wintertown und Umgebung stammten, und genau dieser lokale Teil der Bibliothek hatte letzte Woche einen Wasserschaden erlitten.

Es schien einfach nicht ihr Tag zu sein. Das erfolglose Lesen der Tageszeitung, dann das mysteriöse Telefongespräch und nun der Wasserschaden!

Damit ihr Besuch in der Bücherei nicht ganz umsonst war, lieh sie sich noch drei Kriminalromane aus. Sie liebte Krimis, auch wenn ihr die bei den Ermittlungen bestimmt nicht weiterhelfen würden. Danach war sie einen Moment lang ziemlich ratlos, wie sie fortfahren sollte. Dann fiel ihr auf, dass sie eine wichtige Informationsquelle bis jetzt vollkommen vernachlässigt hatte: das Internet. Sie war einfach davon ausgegangen, dass Marie dort schon nachgeforscht hatte. Aber wenn nicht?

Als Kirsty sich gerade auf den Heimweg machen wollte, lief sie dem alten Hausmeister der Bibliothek, Mr. Red, in die Arme. Der schien ziemlich durch den Wind zu sein.

„Was ist Ihnen denn passiert, Mr. Red?", fragte Kirsty freundlich.

„Ach, Kind!", seufzte der alte Mann. „Ich wollte gerade im Keller die zehn Türen zu den Archiven absperren, da fällt mir doch dieser Schlüsselbund auseinander. Alle Schlüssel waren am Boden zerstreut, und da sie alle gleich aussehen, weiß ich jetzt nicht mehr, welcher zu welcher Tür passt!"

„Aber Mr. Red, das ist doch nicht so schlimm bei zehn Türen", tröstete Kirsty. „So viele Fehlversuche können Sie da doch gar nicht machen. Probieren sie doch einfach so lange, bis alle Türen abgeschlossen sind!"

Übung 32: Mit wie vielen Fehlversuchen muss Mr. Red höchstens rechnen?

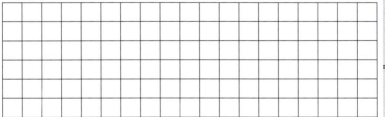

6

Als sie das Rätsel gelöst hatte, eilte Marie in die Küche und half ihrer Mutter beim Abwasch. Bald war es zwölf Uhr, und prompt klingelte es.

Voller Vorfreude stürmte Marie zur Tür, riss sie auf und schrie: „Hey, Jo, na endlich, ich habe schon wahnsinnigen Kohl ..."

Aber es war nicht Jo.

„Ach, du bist es, Amanda. Komm rein!", sagte Marie enttäuscht.

„Hallo Marie, ich wünsche dir alles Gute zum Geburtstag!" rief Amanda fröhlich. „Hier, ich habe dir ein kleines Geschenk mitgebracht."

„Danke schön", antwortete Marie ziemlich kühl.

Amanda fuhr fort: „Ich wollte zu Max, wir haben heute noch eine schwierige Matheaufgabe zu lösen. Er ist bestimmt oben. Ich hoffe, es stört dich nicht, dass er mich zu deinem Geburtstagsessen eingeladen hat."

„Aber natürlich nicht, Amanda!", rief Frau Bergmann aus der Küche. „Wir freuen uns immer über deinen Besuch, nicht wahr, Schatz?"

Marie blieb gar nichts anderes übrig als ein gezwungenes Lächeln, aber innerlich kochte sie. Sie konnte dieses Mädchen nicht leiden, sie war schon schlecht gelaunt, wenn sie nur ihren Namen hörte. Amanda Rose, wie man nur so heißen konnte! Max hatte sie auf einem Mathe-Camp für begabte Schüler kennengelernt und seitdem waren die beiden unzertrennlich. Sie lösten ständig irgendwelche Aufgaben und Rätsel oder bastelten stundenlang an ihren PCs herum.

Aber Marie wollte sich von Amanda auf keinen Fall ihren Geburtstag verderben lassen. Wenigstens hatte sie ihr ein Geschenk mitgebracht.

Übung 6: Das Geschenk war eine rechteckige Tafel Schokolade, bestehend aus quadratischen Stücken von 1 cm mal 1 cm. Da Jo immer noch nicht da war, aß Marie einige Stücke. Wie viele blieben Marie noch für später, wenn folgende Form übrig blieb?

ÜBUNG 6 !

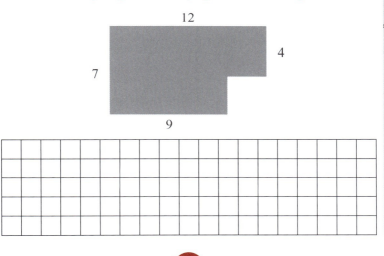

31

Die Mühe hätte sich Kirsty sparen können. Sie las über Pferdediebstähle, Autounfälle und Lotteriegewinne. Ein Artikel über Dopingverdacht bei ihrem Lieblingsverein weckte ihre Aufmerksamkeit und wurde eingehend studiert, aber zur Lösung der Falls trug er natürlich nicht bei. Kirsty durchforstete die Zeitung von der ersten bis zur letzten Seite, aber der Name Gregory Miller-Greenberg war nirgends zu finden. In Wintertown und Umgebung schien also nichts Ungewöhnliches vorgefallen zu sein, was mit der gesuchten Person zusammenhängen könnte.

Als Nächstes nahm sie sich das Telefonbuch vor. Sie fand allein 50 Miller und zehn Greenberg in Wintertown, allerdings nur ein

Mal Miller-Greenberg. Im Telefonbuch stand zwar Sara Miller-Greenberg, aber vielleicht war das seine Frau. Kirsty fand, dass es einen Versuch wert war, und griff zum Hörer.

„Miller-Greenberg", ertönte es durch den Apparat.

Kirsty räusperte sich und sagte: „Guten Tag! Ist Gregory da?"

Darauf hörte sie nur noch die wütende Stimme: „Sie wollen mich wohl veräppeln!"

Die Dame am anderen Ende der Leitung knallte den Hörer auf die Gabel.

Das kam Kirsty äußerst komisch vor. Am liebsten hätte sie es noch einmal probiert und der Dame erklärt, dass sie sie keineswegs auf den Arm nehmen wollte, aber das war ihr dann doch zu peinlich.

Da das Telefonbuch keine weiteren Informationen hergab, musste Kirsty wohl auf andere Informationsmittel zurückgreifen. Es war Zeit, ihren Lieblingsort aufzusuchen: die kleine alte Bibliothek von Wintertown. Das traf sich gut, denn sie musste sowieso einige Bücher zurückbringen.

Sie packte die Bücher in ihre Tasche, zog ihr Regencape an und nahm auch noch ihren Schirm mit. Das Wetter war nicht berauschend, aber die Bibliothek lag nur einige Straßen entfernt.

Kirsty stiefelte los. Sie ging am Brunnen vorbei und erreichte die Einkaufsmeile. Trotz des schlechten Wetters waren einige Menschen unterwegs. Am Schaufenster eines Elektrogeschäfts blieb Kirsty stehen. Eine Preisreduzierung weckte ihre Aufmerksamkeit. Normalerweise interessierte sie sich eher weniger für Elektrowaren, aber heute war das anders. Ein Preisschild sprang ihr ins Auge. In der Auslage stand eine Waschmaschine, die ursprünglich 987 Pfund gekostet hatte. Dann wurde der Preis zunächst um 10 % reduziert, der neue Preis später aber wieder um 10 % erhöht.

„Da hätten sie ja gleich den alten Preis behalten können!", dachte Kirsty.

Übung 31: Hat sie recht? Wenn nein, um wie viel Pfund weicht der jetzige Preis vom Ursprungspreis ab?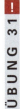

Als Max die Aufgabe gelöst hatte, schlug er den anderen vor, sich auf den Heimweg zu machen. Alle waren einverstanden, denn in der Halle war nichts mehr, was für die vier Freunde von Belang sein konnte. Leise verließen die Kinder die Halle, auch wenn sich in diesem Teil der Fabrik wirklich überhaupt niemand aufzuhalten schien. Auch das Außengelände war menschenleer. So konnten die vier Freunde in aller Ruhe über den Zaun klettern, wobei der Korb natürlich wieder durch das Loch gereicht wurde.

„Das ist ja prima gelaufen!", jubelte Marie. „Das weitere Vorgehen besprechen wir zu Hause!"

Und so wurde es dann auch gemacht. Nach etwa 45 Minuten Fußmarsch, der diesmal aufgrund der guten Laune niemanden zu stören schien, kamen sie wieder am Haus der Bergmanns an und gingen direkt in Maries Zimmer. Jetzt konnte es richtig losgehen! Marie ergriff als Erste das Wort: „Also, wir wissen jetzt, wo sich die Kette befindet, also müssen wir sie nur noch holen. Dann bringen wir sie am besten zur Polizei und geben alle Namen und Beschreibungen der Täter weiter. Ich kann es gar nicht fassen, wir stehen kurz vor dem Ziel! Auf geht's, lasst uns die Kette holen!"

Die anderen blickten nicht gerade begeistert drein.

„Hast du schon einmal auf die Uhr gesehen?", fragte Max.

Das hatte Marie nicht, es war schon halb neun. Ein bisschen spät, aber die Zeit drängte.

Jo sah das nicht so, er verkündete: „Ich muss jetzt nach Hause, meine Oma wollte etwas kochen, ich bin eh schon viel zu spät dran."

„Ich habe auch keine Zeit mehr", fügte Amanda hinzu. „Aber die Kette wird ja sowieso erst übermorgen abgeholt, da reicht es locker, wenn wir morgen früh in den Wald fahren."

„Ach, schade! Na ja, aber wenn ihr alle dafür seid, muss ich mich wohl der Mehrheit fügen", resignierte Marie. „Treffpunkt ist also morgen um neun Uhr früh mit dem Fahrrad in unserer Einfahrt."

„Gut, einverstanden", antwortete Jo, und auch Amanda nickte.

Darauf verabschiedeten sich die beiden. Max wollte noch ein bisschen an seinem PC arbeiten und dann früh schlafen gehen. Auch Marie wollte bald ins Bett. Morgen war der große Tag, dafür wollte sie topfit sein!

Sie legte sich also gleich ins Bett. Da sie aber noch gar nicht müde war, las sie erst noch ein wenig. Marie hatte eine seltsame Art, Bücher zu lesen. Sie las jeden Tag ein paar Seiten. Um sich aber am nächsten Tag besser an die Geschichte zu erinnern, las sie jeweils die letzten fünf Seiten noch einmal. Wenn sie also z. B. am Montag ein neues Buch begann und nach 20 Seiten aufhörte, las sie am Dienstag auf Seite 16 weiter.

Übung 56: Das letzte Buch, das Marie gelesen hatte, hatte 151 Seiten und sie brauchte 7 Tage, um es zu Ende zu lesen. Mit dieser Methode hat Marie jedoch mehr als 151 Seiten gelesen. Wie viele sind es?

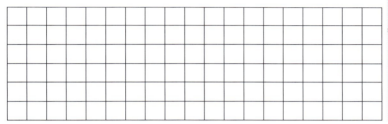

Am liebsten hätte Marie sich sofort auf den Weg gemacht, doch es war schon spät. Außerdem musste Jo nach Hause zum Abendbrot und Amanda hatte auch noch irgendetwas vor.

„Dann vertagen wir unseren Besuch auf morgen Nachmittag um zwei, Treffpunkt Schillerstraße", beschloss Max.

Alle waren einverstanden. Die letzten Stunden waren aufregend genug gewesen. Auch wenn sie brennend am Fortgang ihres Falles interessiert waren, musste hier und da eine Pause eingelegt werden. Nachdem Amanda und Jo das Haus der Bergmanns verlassen hatten, begab sich Marie in ihr Zimmer. Sie konnte das Ganze immer noch nicht glauben. Sie waren einem echten Verbrechen auf der Spur! Einige Rätsel hatten sie schon gelöst, und sie schienen der Aufklärung immer näher zu kommen. Sie hatten gefährliche Abenteuer im Moor hinter sich, und vor ihnen lag ein Gespräch mit einem ominösen Mittelsmann. Von einem Tag auf den anderen war sie plötzlich zur Detektivin geworden. Das gefiel ihr sehr gut, auch wenn es ihr irgendwie wie ein Traum vorkam. In den nächsten

Tagen würden sie zahlreiche weitere Abenteuer erleben – dieser Gedanke begleitete sie in den Schlaf.

Am nächsten Morgen schlief Marie fast bis zehn Uhr. Nachdem sie gefrühstückt hatte, setzte sie sich an ihren Schreibtisch, um Würfel zu basteln. Ihre Mutter brauchte diese für einen Spieleabend mit ihren Freundinnen und hatte Marie gebeten, sie zusammenzusetzen. Schließlich hatte sie ja Ferien.

Marie hatte fünf Würfelnetze vor sich liegen. Mit einem hatte sie aber große Probleme. Was sie auch tat, es kam einfach kein Würfel dabei heraus.

Übung 23: Kannst du herausfinden, um welches Netz es sich handelt?

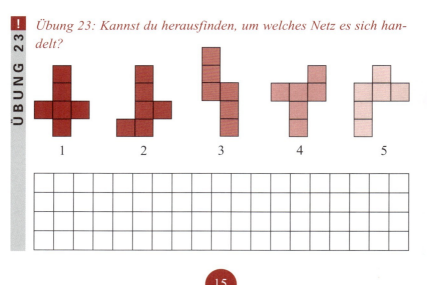

15

Als er das gelöst hatte, ergriff Max das Wort: „Ich glaube, sie sind weg! Lasst uns ausgraben, was sie versteckt haben, und dann nichts wie ab nach Hause!"

Die beiden anderen gaben keine Antwort, aber sie stürmten mit ihm auf den Weg und begannen zu graben. Nach fünf Minuten Scharren konnten sie ein kleines Kästchen zutage fördern, das sich aber nicht öffnen ließ.

Max steckte es in seinen Rucksack und sagte: „Das sehen wir uns zu Hause an! Jetzt los, nicht dass sie wiederkommen!"

Schnell packte Marie die Decke in ihre Tasche und sie spurteten den Feldweg entlang zu ihren Rädern. So schnell sie konnten strampelten die Kinder zurück nach Schönhof. Glücklicherweise brannte bei Jo zu Hause noch kein Licht, seine Eltern waren also noch nicht zurückgekommen.

Sofort stürmten die drei in Jos Zimmer. Marie und Jo waren immer noch nicht in der Lage, ein Wort zu sprechen. Keuchend durch die schnelle Fahrt ließen sie sich auf ihre Nachtlager fallen.

Wieder ergriff Max das Wort: „Ich gehe schnell auf die Toilette und dann schauen wir uns das Kästchen einmal aus der Nähe an!"

Aber als er wiederkam, waren die beiden Jüngeren schon eingeschlafen. „Na ja, morgen ist ja auch noch ein Tag", dachte sich Max und ließ sich in seinen Schlafsack plumpsen. Es dauerte nicht lange und auch er war ins Reich der Träume gewandert.

Übung 15: Vor lauter Buddeln hatte er folgenden Traum: Er half beim Ausheben eines Schwimmbeckens, das 5000 cm lang, 150 dm breit und 2 m 500 mm tief war. Wie viele m³ Wasser müsste man einlaufen lassen, damit das Wasser 15 cm unter der Oberkante des Beckens steht?

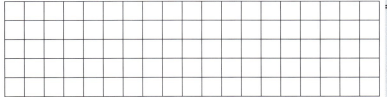

29

Gespannt stürmten Marie, Max und Amanda auf Jo zu. Er begann sofort in aller Ausführlichkeit zu erzählen, was passiert war. Besonders stolz war er darauf, dass er diesmal seine Prüfungsangst besiegen konnte. Amanda und Max waren beeindruckt und Marie war richtig stolz auf ihren besten Freund. Alle versicherten Jo, dass er hervorragende Arbeit geleistet hatte. Sie hatten einen wichtigen neuen Hinweis bekommen.

„Wunderbar, jetzt haben wir einen fantastischen Hinweis, aber wie geht es jetzt weiter? Wir können doch nicht alle nach Großbritannien fliegen, unsere Eltern würden das niemals erlauben!", schimpfte Amanda.

„Das brauchen wir auch nicht!", antwortete Marie triumphierend. „Ich habe eine englische Brieffreundin. Und wie es der Zufall so will, wohnt sie in Wintertown! Wenn wir zu Hause sind, schreibe ich ihr gleich eine E-Mail. Sie kann uns bestimmt weiterhelfen."

„Hervorragende Idee!", freute sich Max.

Die vier Kinder machten sich auf den Weg nach Hause. Die letzten Tage waren sehr aufregend gewesen. Irgendwie waren sie nun erleichtert, dass sie die Spurenverfolgung vorerst einmal in andere Hände legen konnten, auch wenn sie die Fährte natürlich auch gern selbst weiterverfolgt hätten.

Mittlerweile war die Sonne herausgekommen, und als die vier zu Hause angekommen waren, war das Wetter einfach viel zu schön, um sich an den Computer zu setzen. Schnell war der Beschluss gefasst, die Abendstunden noch im Freibad zu verbringen. Marie konnte die E-Mail auch nach dem Baden allein formulieren.

Und so endete ein spannender Tag für die vier Freunde – denn mittlerweile waren sie das – in einer lustigen Wasserschlacht im Schönhofer Freibad.

Übung 29: Das Becken hat eine sonderbare Form (Angaben jeweils in m):

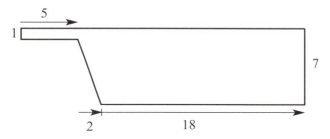

Wie viel m³ Wasser kann der Pool aufnehmen, wenn er 5 m tief ist?

So lange mussten die vier Bergmanns glücklicherweise nicht bis zum Verzehr des Kuchens warten. Nur für Vater Bergmann dauerte das ganze Ritual zu lange. Er arbeitete als Marktleiter in einem Supermarkt und musste sich in die Arbeit verabschieden, ohne die Torte probiert zu haben.

Der Rest der Familie konnte sich aber nun dem Geburtstagskuchen widmen, denn Frau Bergmann war mit Leib und Seele Hausfrau und Max und Marie hatten Schulferien.

Mit Vorfreude blickten also die restlichen Familienmitglieder zur Torte hinüber. Besonders Max schien seinen Blick nicht mehr von ihr abwenden zu können.

„Super, jetzt sind wir nur noch zu dritt!", sagte er erfreut. „Da können wir die ganze Torte unter uns dreien verteilen. Ich würde sagen, das erste Drittel bekommt Marie, weil sie ja Geburtstag hat, vom restlichen Kuchen bekommt Mama ein Drittel und den Rest bekomme dann ich!"

„Erstens essen wir jetzt bestimmt nicht die ganze Käsesahne", widersprach Frau Bergmann schmunzelnd, „und zweitens erscheint mir deine Verteilung alles andere als gerecht!"

Übung 4: *Wie kommt Frau Bergmann zu dieser Annahme? Welchen Anteil am Kuchen würden die drei Bergmanns nach Max' Vorschlag jeweils erhalten? Welcher Bruchteil würde für Max übrig bleiben?*

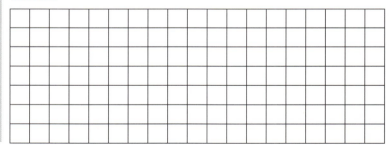

Abgehetzt kamen die drei Spürnasen um 22:45 Uhr im Moor an. Die alte Eiche hatten sie schnell gefunden, denn fast jeder Wandertag der Schönhofer Grundschule führte ins Neuhauser Moor. Auf der Karte hatten sie gesehen, dass der Feldweg nach Osten führte. Die richtige Anzahl der Schritte war ihnen dank Max ebenfalls bekannt, und so hatten sie den im Brief beschriebenen Ort schnell gefunden. Ein dichtes Gebüsch diente als Versteck. Unter Jos braun-grün gemusterter Decke wären die Kinder schon bei Tageslicht schwer zu entdecken gewesen, bei Nacht waren sie wirklich perfekt getarnt.

Da saßen sie nun: Max, Marie und Jo. Sie hatten nicht bedacht, wie gruselig so ein Moor bei Nacht sein konnte. Gruselgeschichten von Sumpfmonstern und Moorgespenstern spukten ihnen im Kopf herum. Am liebsten wären sie wieder gegangen. Aber sie fühlten sich wie gelähmt. Außerdem hätte natürlich keiner gern zugegeben, dass er Angst hatte. Und jetzt, wo sie so nah dran waren, konnten sie auf keinen Fall aufgeben!

Je länger sie im Moor verharrten, desto unheimlicher wurde die Stimmung. Keiner traute sich ein Wort zu sagen, sie wagten kaum, zu atmen. Es herrschte fast vollkommene Stille, nur das Quaken der Frösche und das Zirpen der Grillen waren zu hören.

Dann, plötzlich, ein lauter Gong: Die Turmuhr von Neuhaus schlug elf.

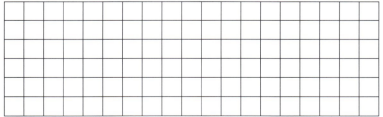

Übung 13: Die Neuhauser Turmuhr schlägt zu jeder vollen Stunde die entsprechende Zahl von Schlägen (13 Uhr = 1 Schlag usw.) und zusätzlich schlägt sie je einmal zur halben Stunde. Wie viele Schläge erfolgen an einem Tag?

21

„Das kann ja wohl nicht wahr sein!", winselte Marie.
Sie merkte schon, wie sich ihre Augen mit Wasser füllten. Wie sollten sie dieses Schloss bloß jemals knacken? Doch da, ein Piepen! Was war das gewesen? Sie sah Jo vor dem offenen Schließfach stehen.
„Wie hast du das gemacht?", fragte Marie begeistert.
Jo grinste: „Tja, die meisten Leute haben nicht viel Fantasie, ich habe es einfach mal mit 048 probiert."
„Das ist aber nicht gerade einfallsreich!", lachte Marie.
Beide Kinder blinzelten in das Schließfach hinein. Es schien leer zu sein. Enttäuscht starrten sie in den Innenraum, und schließlich entdeckten sie doch noch den Brief, dessen Umschlag exakt dieselbe Farbe hatte wie das Schließfach. Jo wollte ihn sofort aufreißen, aber Marie stoppte ihn.
„Es wäre nicht gerecht, ihn zu zweit zu lesen, wo Amanda und Max uns jetzt doch so viel geholfen haben. Irgendwie sind wir ja schon ein gutes Team."
Jo war überrascht, doch er war einverstanden. Eigentlich konnte Marie Amanda ja überhaupt nicht ausstehen, und mit Max hatte sie auch nicht viele Gemeinsamkeiten. Seit sie aber alle an dem Fall arbeiteten, schien das fast vergessen.
Marie steckte den Brief also in ihre Tasche, schloss das Schließfach wieder ab und gab Jo den Schlüssel. Dann machten sich die beiden auf den Weg zu den Bergmanns. Max und Amanda waren natürlich in Max' Zimmer, sie waren schon lange zurück.
„Wir haben gerade die Ergebnisse von unserem Mathe-Camp bekommen!", erzählte Amanda aufgeregt. „Wir haben echt gut abgeschnitten. Zumindest glauben wir das, denn auch die Ergebnisse des Tests sind als Matheaufgabe formuliert."

Übung 21: Kannst du die Aussage der beiden bestätigen? Addiere ihre Platzierungen und multipliziere sie mit 8! Der Text, der Amandas und Max' Platzierungen verraten soll, lautet: Alle Teilnehmer haben unterschiedliche Punktzahlen. Amanda war besser als Richard, aber nicht so gut wie Ines. Ines hat einen Punkt weniger als Max. Tom erreichte weniger Punkte als Richard. Kerstin war nur besser als Tom.

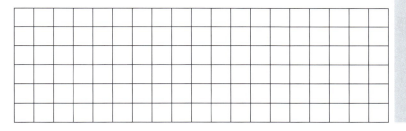

Amanda fügte ihre Ausrüstung noch hinzu und deckte das Ganze mit einem Tuch ab. Der Korb war jetzt quaderförmig, wenn man den Henkel nach unten klappte.

Nachdem nun alle Vorbereitungen getroffen worden waren, machten sich die vier Freunde auf den Weg. Zu Fuß brauchte man fast eine halbe Stunde bis zu den Gebringer Chemiewerken. Den Kindern kam es aber viel länger vor, bis sie endlich die Umrisse des Werks erblicken konnten.

Die Fabrik befand sich im Industriegebiet von Schönhof. Das Firmengelände war riesig, es umfasste zehn große Hallen und mehrere Abstellplätze. Früher hatte dort nur diese Fabrik gestanden. In den letzten Jahren war das Gebiet jedoch stark gewachsen. Es lag weit ab von der Wohnsiedlung, darum hatte man hier den idealen Platz für eine Kläranlage gefunden. Zusätzlich hatten noch eine kleine Papierfabrik, eine Töpferei und eine Autowerkstatt das Industriegebiet Schönhof als Standort gewählt. Den größten Teil der Fläche nahmen aber immer noch die Gebringer Chemiewerke ein, auch wenn viele der Gebäude des ehemals florierenden Unternehmens nicht mehr aktiv genutzt wurden.

Um das Gelände der Chemiefabrik zu erreichen, mussten die vier Freunde den Großparkplatz des Industriegebiets überqueren.

ÜBUNG 51

Übung 51: Auf dem Parkplatz stehen Autos und 18 Motorräder. Insgesamt haben die Fahrzeuge 224 Reifen. Wie viele Autos stehen auf dem Parkplatz?

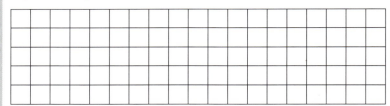

Das war nun aber ein Schock. Dieser Gregory Miller-Greenberg war schon seit Jahrzehnten tot! Jemand musste ihr einen Bären aufgebunden haben, aber Marie traute sie das nicht zu. Es schien, als wäre der ganze Fall von Anfang an getürkt gewesen! Doch wer sollte so etwas tun?

Kirsty war ziemlich enttäuscht, aber Marie würde es wahrscheinlich noch viel härter treffen, denn sie hatte viel mehr Zeit und Mühe in den Fall investiert als Kirsty. Sie wusste gar nicht, wie sie es ihr beibringen sollte, denn Gregory Miller-Greenberg konnte unmöglich der Absender des Pakets gewesen sein. Aber eine andere Spur hatte Marie nicht, es war ihre letzte Hoffnung gewesen.

Schweren Herzens machte sich Kirsty auf den Weg nach Hause. Es fing nun wieder an, heftig zu regnen, doch ihren Schirm spannte sie nicht auf. Vor lauter Enttäuschung war ihr der Regen egal. Obwohl sie die Person ausfindig gemacht hatte, konnte sie ihrer Freundin nur schlechte Nachrichten überbringen.

Pitschnass kam Kirsty zu Hause an und wurde gleich von ihrer Mutter zu einem warmen Bad verdonnert. Das war auch nötig, denn sie wollte sich nicht erkälten.

Frisch gebadet setzte sich das Mädchen anschließend vor den PC, um Marie eine E-Mail zu schreiben. Bevor Kirsty ihren E-Mail-Account jedoch benutzen konnte, musste sie ihr Passwort eingeben. Das Passwort bestand aus den Buchstaben ihres Vornamens, jedoch in anderer Reihenfolge.

Übung 36: Nicht gerade einfallsreich, oder? Wie viele Möglichkeiten für ein solches Passwort gibt es?

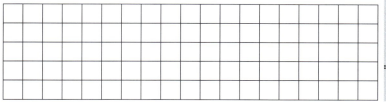

Die Pizza wurde ziemlich rasch geliefert und alle fielen hungrig darüber her. Jo riss einen Witz nach dem anderen, und sogar Amanda huschte hie und da ein Lächeln über die Lippen. Dazu war die Pizza äußerst lecker, obwohl nicht jeder seinen Willen bekommen hatte.

Als die gesamte Pizza aufgegessen war, schnappte sich Marie

ihren neuen Fußball. Sie wollte gerade mit Jo zum Bolzplatz aufbrechen, als ihre Mutter sie zurückrief: „Hey, Marie, nicht so schnell! Hier ist noch ein Brief für dich angekommen, es steht kein Absender darauf."

Marie war verwundert – wer schrieb denn heute im E-Mail-Zeitalter noch Briefe? Vielleicht Oma, aber die würde sicher wie jedes Jahr erst morgen reumütig anrufen, weil sie Maries Geburtstag wieder einmal verschwitzt hatte. Außerdem hätte Oma den Brief bestimmt mit Absender versehen.

Marie grübelte weiter, ihr fiel aber kein anderer möglicher Gratulant ein. Es blieb ihr also nichts anderes übrig, als den Brief zu öffnen. Zusammen mit Jo verschwand sie nach oben in ihr Zimmer.

Als sie den Umschlag gerade aufmachen wollte, fand Jo einen Zettel auf ihrem Schreibtisch und fragte interessiert: „Marie, was ist denn das?"

„Ach, das ist bloß eine von Max' Aufgaben. Manchmal legt er die irgendwohin und Mama denkt dann, dass sie mir gehören."

„Diese klingt aber echt interessant", meinte Jo. „Julian behauptet: Wenn man 12 halbiert, erhält man 7. Er kann das auch beweisen! Wie soll denn das funktionieren?"

„Das ist einfach – wenn du willst, erkläre ich es dir schnell", erwiderte Marie ungeduldig. „Aber danach öffnen wir den Brief!"

Übung 8: *Wie hat ihre Erklärung wohl ausgesehen? Mach dir Gedanken und lies dann auf Seite 56 weiter!*

47

Jo brachte den Rasenmäher schnell zum Laufen. Darin hatte er Routine, da er zu Hause oft seinem Vater beim Rasenmähen half. Es schien ewig zu dauern, der Garten nahm und nahm kein Ende. Doch nach fast zwei Stunden hatte Jo es endlich geschafft.
„Den Kaffee haben Sie sich jetzt aber redlich verdient!", klang es aus dem Küchenfenster.
Erst den Rasen mähen und dann auch noch den ekligen Kaffee trinken, Jo hatte

wirklich kein Glück! Aber das würde er alles in Kauf nehmen, wenn er dafür nur neue Informationen erhielt. Er ging ins Haus und nahm am Küchentisch Platz. Die alte Dame stellte eine große Tasse vor ihn und goss Kaffee bis zum Rand ein. Das konnte ja heiter werden!
„Was wollen Sie denn nun noch von mir wissen?", fragte die Frau.
„Der Absender hat uns sehr weitergeholfen. Ich brauche aber noch dringend Informationen über den Abholer des Pakets."
„Ich habe Ihnen doch schon alles gesagt, was ich weiß. Es war dunkel und meine Augen sind nicht mehr die besten!", erwiderte die Frau gereizt.

Sollte er wirklich völlig umsonst den Rasen gemäht haben? Jo zwang sich, freundlich zu bleiben, und bat die alte Dame, noch einmal nachzudenken.

„Nun gut", seufzte sie schließlich, „also, es handelte sich um einen Mann, das habe ich Ihnen ja bereits gesagt, und er trug … Ich glaube, er trug ein neongelbes T-Shirt mit einem Schriftzug. Wenn ich mich nicht irre, hat der mit GE begonnen."

„Gebringer, vielleicht! Das ist doch die alte Chemiefabrik am Rande von Schönhof. Das Firmenlogo ist schwarz auf neongelbem Grund!", platzte es aus Jo heraus.

„Gut möglich. Aber mehr weiß ich jetzt wirklich nicht mehr, da können Sie noch so oft meinen Rasen mähen", sagte die Dame entschieden.

Jo bedankte sich schnell, nahm aus Höflichkeit noch einen Schluck Kaffee und verabschiedete sich. Schnell machte er sich auf den Weg zu den Bergmanns. Es ging ihm einiges durch den Kopf. Warum hatte die alte Dame ihm diese Information nicht schon früher gegeben? War es Absicht oder konnte sie sich das letzte Mal wirklich nicht mehr daran erinnern? War es überhaupt noch möglich, die Verbrecher einzuholen?

Übung 47: Er überlegte sich Folgendes: Wenn die Verbrecher schon 4 Tage vorher die Fährte gefunden haben, seine Freunde und er aber dafür jeden Tag 1,5-mal so viel arbeiten wie die Verbrecher, wann würden sie dann auf demselben Stand sein?

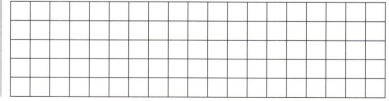

20

„Die Schließfächer sind unten im Keller", sagte Jo. „Mein Papa hat auch eines, weil er ziemlich oft mit dem Zug fährt. Da ist das echt praktisch."

„Warum sagst du das denn nicht gleich? Dann weißt du ja auch, ob der Schlüssel ein Bahnhofsschließfachschlüssel ist!", maulte Marie.

„Hm, unter der Nummer steht doch Bahnhof Schönhof! Was gibt's denn da noch zu sagen!", motzte Jo zurück.

Und tatsächlich, auf dem Schlüssel selbst war „Bahnhof Schönhof" vermerkt. Weder Marie noch Amanda noch Max hatten es bemerkt. Marie lief ein bisschen rot an, es war ihr peinlich. Schnell versuchte sie abzulenken.

„Na ja, dann wissen wir jetzt wenigstens, dass wir hier richtig sind!"

Zusammen gingen sie die Stufen zu den Schließfächern hinunter. Der Gang war düster, das Licht funktionierte schon seit längerer Zeit nicht mehr. Die beiden Freunde bewegten sich an der Wand entlang. Nummer 048 befand sich ganz am Ende, es gab nämlich genau 50 Schließfächer im Bahnhof.

Die beiden blieben stehen und holten erst einmal tief Luft. Dann steckte Marie den Schlüssel ins Schlüsselloch. Er passte. Aufgeregt drehte sie ihn um. Das Schließfach öffnete sich nicht, aber auf dem Display des Faches leuchtete folgender Schriftzug auf: „Geben sie Ihre Geheimzahl ein!"

„Verdammt!", fluchte Marie. „Und wie sollen wir das Schließfach jetzt aufbekommen?"

Enttäuscht schauten die Kinder sich an.

Eine dreistellige Geheimzahl musste her, denn so viele Platzhalter befanden sich auf dem Display vor ihnen.

ÜBUNG 20

Übung 20: Wie viele Sekunden würde es dauern, wenn Marie und Jo alle Kombinationen von dreistelligen Ziffern ausprobieren und pro Eingabe 4 Sekunden brauchen? Beachte, dass z. B. 009 oder 034 auch als dreistellige Ziffern gelten, auch 000 ist möglich.

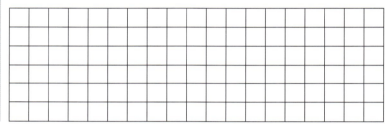

9a

„Und, bist du nun zufrieden?", fragte Marie.

„Ja. Ich fand die Aufgabe eigentlich ganz interessant. Ich glaube, so langweilig sind die Sachen gar nicht, die Max da den ganzen Tag macht", überlegte Jo. „Aber jetzt mach den Brief auf, damit wir losgehen können!"

Vorsichtig öffnete Marie den Umschlag mit ihrer Schere. Dann faltete sie den Brief auf und begann laut vorzulesen:

Hallo Marie!
Dies ist ein anonymer Hinweis. Man sagt, dass du ein mutiges Mädchen bist. Das kannst du jetzt beweisen. Ich habe von einer großen Sache erfahren, da liegt etwas im Busch. Du kennst bestimmt das Neuhauser Moor, es ist ja nicht weit von deinem Heimatort Schönhof entfernt. Dort wird es passieren, morgen um Punkt 23:00 Uhr. Wo genau? Das würdest du jetzt wohl gern wissen, aber so einfach mache ich es dir nicht. Du gehst von der alten großen Eiche (die kennt ja wohl jeder) eine gewisse

Anzahl von Schritten nach Osten. Dann legst du dich dort auf die Lauer. Wie viele Schritte? Tja, das musst du schon selbst herausfinden, aber mit diesem Rätsel kannst du es sicher lösen! Hier hast du die Anfänge von drei Zahlenfolgen. Ergänze sie jeweils um vier Glieder, nimm dann von jeder Folge das letzte Glied und addiere diese!

„Wahnsinn, das ist ja total cool!", schrie Jo.
Marie war ebenfalls begeistert. Es war klar, dass die beiden Freunde morgen um 23:00 Uhr im Neuhauser Moor sein würden. Jetzt mussten sie nur noch die Anzahl der Schritte herausfinden. Der Bolzplatz war erst einmal vergessen, als sie sich die ersten beiden Zahlenfolgen vornahmen.

Übung 9a: Kannst du die Reihen auch um jeweils vier Glieder ergänzen? Addiere die letzten Glieder der beiden Zahlenfolgen!

1, 2, 4, 7, 11, _____, _____, _____, _____

1, 5, 3, 15, 13, 65, 63, _____, _____, _____, _____

_____ + _____ = _____

„Moment mal!", mischte sich Jo ein, der keine Lust auf Rechnen hatte. „Ich habe kein Problem damit, zu klingeln, also wozu dieser Aufwand? Ich sage einfach, dass ich das Päckchen abholen will, und fertig."
„Du überraschst mich immer wieder!", sagte Max. „Aber du hättest den Rechenwettbewerb wahrscheinlich sowieso verloren!"

Jo wurde rot: „Nein, hätte ich nicht. Aber irgendjemand muss sich eben opfern. Was soll denn schon Großartiges passieren?"
Marie fragte: „Und was machen wir, wenn wir keine Informationen bekommen oder wenn das Paket schon abgeholt ist?"
„Das weiß ich auch nicht genau, aber man kann das doch nicht bis ins kleinste Detail planen. Ich werde einfach ganz spontan reagieren. Wir sollten jetzt endlich handeln!"
Und damit ging Jo schon die Stufen zur Haustür hinauf und betätigte den Klingelknopf. Doch nichts tat sich. Nun wurde ihm auch ein bisschen mulmig. Vielleicht hatte er sich doch zu wenig Gedanken gemacht. Maries Befürchtungen waren ja noch harmlos. Jo hatte nicht bedacht, dass es wirklich gefährlich werden könnte. Der Mittelsmann könnte bewaffnet sein. Vielleicht war er ein gesuchter Schwerverbrecher. Doch sie brauchten die Informationen, koste es, was es wolle.
Jo nahm all seinen Mut zusammen und betätigte noch einmal die Klingel. Aber es schien niemand da zu sein. Nach einer Weile ging Jo zurück zu den anderen.
Als die vier sich gerade enttäuscht abwenden wollten, hörten sie eine Stimme aus der Sprechanlage: „Ja, wer ist da, bitte?"
Schnell sprang Jo wieder in Richtung Sprechanlage und legte los: „Guten Tag, ich will das Paket abholen!", stieß er atemlos hervor.
„Hm, da war vorgestern schon jemand da. Ich habe es nicht mehr! Sehr komisch. Kommen Sie erst einmal herein, da spricht es sich leichter!", klang es aus der Anlage.
„Da musst du jetzt wohl allein durch!", grinste Max. „Wir können ja schlecht zu viert einmarschieren."
„Da hast du recht! Dann wünscht mir mal Glück!", seufzte Jo, und kurz darauf war er im Haus des Mittelsmannes verschwunden.
„Es bleibt uns wohl nichts anderes übrig, als zu warten. Ich habe aber schon etwas entdeckt, womit wir uns die Zeit vertreiben kön-

nen", sagte Amanda. „Seht ihr die Kreidefigur da vorn auf der Straße? Wie viele Rechtecke enthält sie? Manche sind, glaube ich, auch von mehreren kleinen geformt."

Übung 26: Hilf Amanda, Max und Marie beim Zählen! Die Figur sieht so aus:

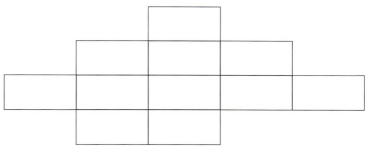

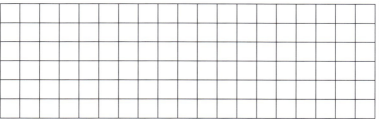

„Hier scheinen ganz schön viele Leute beschäftigt zu sein!", staunte Marie bei der Parkplatzüberquerung.
Am Chemiewerk angekommen, stellten die vier Kinder fest, dass es wohl doch nicht so einfach sein würde, in die Fabrik zu gelangen. Nicht einmal das Gelände der alten, nicht mehr genutzten Hallen war frei zugänglich. Es war von einem zwei Meter hohen Gitterzaun umgeben. Eigentlich hätten sie sich das auch denken

können, aber ihr Enthusiasmus war einfach zu groß gewesen.

„Es scheint, als hätten wir ein Problem", seufzte Amanda.

Marie war anderer Meinung: „Und worin soll das Problem bestehen? Du meinst doch nicht etwa den Zaun. Also, über den sind wir schnell geklettert und in die Halle dürften wir eigentlich sowieso nicht gehen, egal ob da ein Zaun ist oder nicht!"

„Marie hat recht", stimmte Jo zu. „Richtig ist das nicht, was wir machen, aber es dient einem guten Zweck. Wir werden einfach ganz vorsichtig sein. Und der Zaun, der ist tatsächlich das geringste Problem!"

Jo ging auf den Zaun zu, kletterte hoch, und in wenigen Sekunden war er auf die andere Seite gelangt. Marie tat es ihm nach, und auch Amanda hatte in Windeseile den Zaun überquert.

Nur Max stand noch auf der anderen Seite.

„Das habt ihr euch ja fein ausgedacht!", maulte er. „Kann mir jemand verraten, wie ich samt Korb den Zaun hochklettern soll? Ich kann ihn ja nicht einfach hier stehen lassen!"

Ratlos sahen die anderen drei sich um.

Dann rief Marie: „Guck mal, da vorn ist ein kleines Loch im Zaun! Vielleicht kannst du den Korb dort durchschieben."

Übung 52: Das wäre die Lösung, aber passt der Korb durch die Öffnung? Das Loch im Zaun ist 2 dm lang und 9 cm hoch. Wie hoch (in cm) darf der Korb höchstens sein, wenn er 30 cm lang und 1,6 dm breit ist? Der Korb soll nicht gekippt werden, weil sonst der Inhalt herausfallen würde.

Mr. Red war erleichtert und Kirsty machte sich auf den Heimweg. Zu Hause ging sie direkt in ihr Zimmer und fuhr den PC wieder hoch. Dann gab sie „Gregory Miller-Greenberg" in die Suchmaschine ein und erhielt prompt etliche Ergebnisse. Wahrscheinlich hatte Marie in der ganzen Aufregung wirklich nicht daran gedacht, im Internet zu suchen.

Kirsty schaute nur auf die erste Zeile, und neben dem Namen sprang ihr „Butcherstreet, 24, Wintertown" ins Auge. Mehr brauchte sie nicht zu wissen. Sie fuhr den PC wieder herunter und wollte sich auf den Weg machen.

Da es aber im Moment ziemlich stark regnete, beschloss Kirsty, erst einen Blick in ihre neu ausgeliehenen Romane zu werfen und sich dann bei besserem Wetter in die Butcherstreet aufzumachen, die fast eine halbe Stunde zu Fuß entfernt war.

Sie schlug also das erste Buch, „Der hellrote Elefant", auf, das in Rätselform geschrieben war. Es handelte von vier Verbrechern, die bei ihren Überfällen Masken trugen. An Tatorten hinterließen sie immer einen kleinen hellroten Elefanten.

Es galt nun herauszufinden, welcher Verbrecher welche Maske trug. Mögliche Verkleidungen waren Elefant, Pferd, Storch und Pinguin. Die zugehörigen Verbrecher sollten durch folgende Informationen ermittelt werden: Luke hat einen Schnabel, Pete geht auf allen Vieren, Tims Tier ist größer als das von Pete und geht ebenfalls auf allen Vieren und Wendy hat keine roten Beine.

> **Übung 33:** *Welcher Verbrecher trug welche Verkleidung? Ist in deiner Lösung Wendy der Storch, so ist die Lösungszahl 5, wenn sie der Elefant ist, wähle die 18, der Pinguin hat die Lösungszahl 13 und das Pferd die 12.*

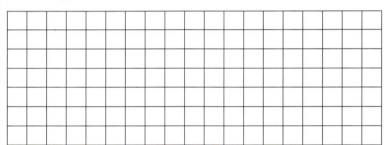

„Jetzt wird mir so einiges klar", sagte Marie. „Aber eines würde mich da schon noch interessieren. Warum hast du das alles gemacht?"

Marie war zwar ein wenig sauer, aber auch sehr neugierig, sie wollte nun die Hintergründe erfahren.

„Stimmt, das habe ich vergessen, zu erklären", meinte Amanda. „Das ist ganz einfach: Ich komme aus einer Detektivfamilie. Mein

Papa ist Detektiv, mein Opa war Detektiv, mein Uropa war Detektiv und dessen Vater war auch wieder Detektiv. Klar, dass ich auch einmal Detektiv werden will, darum beschäftige ich mich auch ständig mit Rätseln. Ich war nicht sehr glücklich darüber, dass meine Eltern vor ein paar Monaten unbedingt umziehen wollten. Ich habe bis zuletzt dafür gekämpft, dass das nicht passiert. Sie wollten aber lieber in Omas Nähe wohnen und schließlich musste ich meine Sachen packen. Der Abschied fiel mir verdammt schwer. In meiner alten Heimat hatte ich sehr viele Freunde und auch einen kleinen Detektivclub mit einem tollen Team. Das alles musste ich aufgeben. Da kam mir die Idee, ich könnte hier ja einen neuen Club gründen. Als ich Max damals im Mathe-Camp kennengelernt habe, war ich wahnsinnig froh. Er war ein ideales Mitglied. Aber es fehlten noch weitere Personen. Als mir Max einmal von dir erzählt hat, Marie, wie mutig und clever du bist, musste ich dich einfach besser kennenlernen, denn solche Leute braucht man für einen Club. Dann kam glücklicherweise Jo noch dazu. Er hat in der ganzen Geschichte mit meiner Oma wirklich Mut bewiesen. Ich denke, ich habe nun passende Mitglieder für meinen Club und auch neue Freunde gefunden. Ihr habt euch bei dem Fall toll geschlagen. Es war richtiges Teamwork und jeder hat Stärken in unterschiedlichen Bereichen bewiesen. Ich lade euch also alle sehr herzlich in meinen Club ein – wenn ihr das wollt."

„Moment mal!", unterbrach Jo Amanda in strengem Ton. „Wir haben zwar nun bewiesen, dass wir geeignet sind, aber was ist mit dir? Du hast bis jetzt gar nichts zeigen können, denn du wusstest ja, wie der Fall ausgeht und wo neue Spuren zu finden sind. Es ist also nicht sicher, ob du die erforderlichen Qualifikationen für den Club mitbringst!"

„Das lässt sich leicht herausfinden", wandte Max ein. „Ich gebe dir jetzt ein Rätsel auf, sozusagen als Aufnahmeprüfung. Folgendes will ich von dir wissen: Welches ist die kleinste fünfstellige Zahl mit fünf verschiedenen Ziffern, bei der aufeinanderfolgende Ziffern nie nebeneinander stehen dürfen (wie 1 und 2 oder auch 8 und 7 usw.)?"

Übung 62: Hilf Amanda bei ihrer Aufnahmeprüfung!

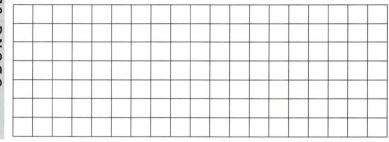

„Muss wohl ein Fabrikationsfehler sein!", dachte sich Marie.

Frau Bergmann genügten aber auch die bereits fertiggestellten Würfel. So ging der Vormittag schnell vorbei und bald war es Zeit fürs Mittagessen.

Nach einer großen Portion Spaghetti Bolognese und einer Schale Schokopudding machten sich Max und Marie mit ihren Fahrrädern auf den Weg in die Schillerstraße. Der Himmel war bedeckt, aber soweit sie sich erinnern konnten, war die Schillerstraße nicht weit von ihrem Haus entfernt.

Sie fuhren fröhlich los, doch bald stellten sie fest, dass sie sich geirrt hatten: Der Weg war doch länger als gedacht. Es dauerte eine ganze Weile, bis sie endlich zur Morgensternstraße kamen, an deren Ende die Schillerstraße abzweigte, die bekanntlich eine Sackgasse war.

Übung 24: In der Morgensternstraße haben die Häuser auf der einen Straßenseite gerade Hausnummern, auf der anderen Seite ungerade. Ein Haus trägt die Nummer 145. Wenn die Nummerierung am anderen Ende der Straße beginnen würde, hätte das Haus die Nummer 77. Wie viele Häuser befinden sich auf der ungeraden Straßenseite der Morgensternstraße?

ÜBUNG 24

60

"Jetzt verstehe ich gar nichts mehr!", seufzte Jo. "Na, frag mich mal!", erwiderte Marie. Dann blickte sie wieder nach oben in den Baum. "Was machst du hier, Amanda? Wo ist die Kette? Ich verstehe nur noch Bahnhof. Und Max, wieso isst du hier in aller Ruhe eine Banane? Ich kann es nicht glauben, du wirkst gar nicht überrascht!"

„Bin ich auch nicht", antwortete er. „Ich habe schon länger den Verdacht, dass an der ganzen Geschichte etwas nicht stimmt. Ich wollte euch aber erst einweihen, wenn ich mir ganz sicher bin."

Amanda wunderte sich: „Damit habe ich aber nicht gerechnet. Wie hast du denn festgestellt, dass etwas nicht stimmt? Ich war doch die ganze Zeit so vorsichtig. Hat dir jemand etwas verraten?"

„Liebe Amanda, ich bin auch nicht von vorgestern. Und wenn man den ganzen Tag nichts anderes macht, als Rätsel zu lösen, lernt man ganz automatisch, auf Details zu achten", erklärte Max.

„Aber warum haben wir dann nichts gemerkt? Wir sind doch mittlerweile auch sehr fit im Knacken von Rätseln", warf Marie ein.

„Stimmt", räumte Max ein, „aber vielleicht wart ihr so besessen von der Idee, ein echtes Verbrechen aufzuklären, dass ihr so manche Ungereimtheit übersehen habt!"

„Hm, gut möglich, dass wir vor lauter Begeisterung nicht mehr auf Details geachtet haben", gab Jo zu. „Aber was hat dich denn misstrauisch gemacht?"

„Das würde mich auch brennend interessieren!" rief Amanda von oben.

Darauf legte Max los: „Das erste Mal wurde ich stutzig, als wir den Brief aus dem Schließfach geholt hatten. Amanda konnte den Brief auf Anhieb lesen, als hätte sie gewusst, was drinstand. Ich habe ihn mir nachher noch einmal angeguckt, er war wirklich sehr schwer zu entziffern. Man hätte ihn niemals aus dem Stand so flüssig vorlesen können. Dann haben sich die seltsamen Vorkommnisse gehäuft. Ich fand es äußerst komisch, dass der zweite anonyme Brief genau zu einem Zeitpunkt ankam, als wir im Begriff waren, aufzugeben. Als hätte der anonyme Informant gewusst, wie es mit unseren Ermittlungen steht. Dann habe ich angefangen, über alle Details nachzudenken. Und da fiel mir ein, dass ich Amanda einmal in der Nähe der Schillerstraße gesehen habe, wie sie mit einer alten Dame spazieren ging. Und dann war da noch diese Stimme. Ich war mir sicher, dass ich die Stimme des einen Typen aus dem Neuhauser Moor schon öfter gehört habe. Und jetzt weiß ich auch, wo. Ich habe doch vorhin noch einmal bei Amanda angerufen, weil sie nicht da war, und da ging ihr großer Bruder ans Telefon. Das ist die Stimme, kein Zweifel! Und dann noch deine Absage heute. Nur die ganze England-Episode und das wirkliche Verschwinden der Kette ergeben für mich immer noch keinen Sinn!"

Amanda begann zu applaudieren.

"Max, du bist ein Genie!", lobte sie, während sie den Baum hinunterkletterte. "Ich denke, ich bin euch allen eine Erklärung schuldig! Aber zuerst werde ich euch noch einer letzten Prüfung unterziehen! Ich habe ein Rätsel für euch vorbereitet. Wenn ihr das lösen könnt, werde ich die ganze Geschichte aufklären!"

Die anderen drei waren nicht begeistert, aber da sie brennend an der Aufklärung interessiert waren und keinen Streit aufkommen lassen wollten, taten sie Amanda noch diesen letzten Gefallen.

Übung 60: Und das war das Rätsel: Fünf Räuber plündern einen kleinen Goldschatz. Während der Anführer in die Schatzkammer geht und die Truhe entleert, stehen die vier anderen Schmiere. Um in die Schatzkammer zu gelangen, mussten die Räuber vier Türen knacken. An jeder Tür steht nun einer Wache. Immer wenn der Anführer auf dem Rückweg an einem seiner Helfer vorbeikommt, verlangt dieser seinen Anteil an der Beute. Der Räuber an der ersten Tür will die Hälfte der Goldmünzen. Als der Anführer zur zweiten Tür kommt, verlangt der Räuber hier wiederum die Hälfte der verbleibenden Münzen. Der dritte Räuber will ebenfalls die Hälfte der Münzen des Anführers, und der vierte stellt dieselbe Forderung. Am Ende bleiben dem Anführer 1000 Goldmünzen. Wie viele Goldmünzen enthielt der Schatz?

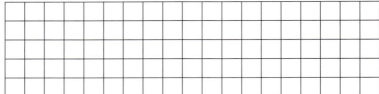

17

Auf Max' Aufforderung gab Amanda die richtige Kombination ein. Behutsam drehte Max die Rädchen. Es knackte, und das Schloss war offen. Marie war wahnsinnig aufgeregt. Was würde nun geschehen? War vielleicht sogar etwas Gefährliches in der Kiste? Würde ihnen gleich eine Giftkröte ins Gesicht springen oder befand sich ein wertvoller Ring in der Truhe? Oder war die Kiste vielleicht sogar leer und man hatte ihnen einen Bären aufgebunden? Vorsichtig öffnete Amanda den Deckel. Es sprang zwar nichts heraus, aber die Kiste schien auch nicht gerade voll zu sein.

„Ein Schlüssel!", sagte Marie enttäuscht. „Ein ganz normaler Schlüssel!"

„Wozu könnte der wohl passen?", überlegte Max. „Seht ihr die kleine Nummer 048? Ich tippe auf ein Schließ- oder Postfach."

„Na, dann ist ja wohl klar, was wir machen!", rief Marie aufgeregt. „Du und Amanda geht zur Post und guckt euch an, wie dort die Postfachschlüssel aussehen. Jo und ich gehen mit dem Schlüssel zum Bahnhof und sehen nach, ob der Schlüssel das Schließfach Nummer 048 öffnet."

„Das ist alles okay, aber Amanda und ich werden den Schlüssel mitnehmen!", erwiderte Max.

„Das kannst du aber knicken! Das ist mein Fall!", motzte Marie.

Bevor ein großer Streit ausbrach, mischte sich Amanda ein: „Ich schlage vor, wir machen einen Wettbewerb. Der Sieger darf den Schlüssel mitnehmen! Wer zuerst alle Primzahlen von 1 bis 50 aufgeschrieben hat, hat gewonnen!"

„Einverstanden!", antwortete Marie, denn Primzahlen hatten sie letztes Jahr in der Schule durchgenommen und das war eines ihrer Lieblingsthemen gewesen.

Übung 17: Mach doch auch beim Wettbewerb mit! Du brauchst zwar nicht auf Zeit zu arbeiten, aber dafür sollst du zusätzlich angeben, wie viele Primzahlen es zwischen 1 und 50 gibt!

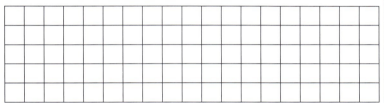

Max gab sich schließlich doch nach zwei Stücken geschlagen und alle waren zufrieden. Die Käsesahne war Frau Bergmann wieder einmal hervorragend gelungen!

Marie musste sich nun noch den Vormittag vertreiben, denn für zwölf hatte sich Jo angekündigt. Dann sollte Pizza bestellt werden. Marie hasste es, zu warten, ihr neues PC-Spiel wäre der ideale Zeitvertreib gewesen. Dummerweise war ihr PC aber noch bis morgen in Reparatur. Auf Toben im Garten hatte sie gerade auch nicht so große Lust, und so geschah etwas, das äußerst selten vorkam: Marie suchte ihren Bruder Max auf. Er saß in seinem Zimmer am Schreibtisch und tüftelte irgendetwas an seinem Computer aus.

„Du, Max!", quengelte Marie. „Kannst du mir nicht eine Knobel-

aufgabe stellen? Mir ist gerade wahnsinnig langweilig."
„Klar, wenn du mich um eine Knobelaufgabe bittest, muss dir schon wirklich gar nichts einfallen, womit du dir die Zeit vertreiben kannst!", lachte Max. „Du kennst ja meine Rätselbücher, bedien dich ruhig, aber da steht ‚Auf Wiedersehen' drauf!"
Marie betrachtete das riesige Regal mit den vielen Mathematik-, Rätsel- und Sachbüchern. Sie entschied sich für ein Buch mit dem Titel „Kriminalrätsel". Sie hatte noch etwa eine Stunde Zeit bis zum Mittagessen. Vielleicht sollte sie auch noch Mama ein bisschen helfen, meldete sich ihr schlechtes Gewissen. Deswegen entschied sich Marie schließlich, nur ein Rätsel zu lösen, was ihr auch relativ flott gelang.

ÜBUNG 5

Übung 5: Kannst du das auch? Gräfin von und zu Riesenklunker wurde ermordet. Der Kommissar hat drei Verdächtige im Auge: den Gärtner, das Dienstmädchen und die Köchin. Es gibt vier Vermutungen, von denen nur eine wahr ist. Daraus kann man erschließen, wer der Täter ist.

a) Der Gärtner war es.
b) Die Köchin war es bestimmt nicht.
c) Das Dienstmädchen war es.
d) Das Dienstmädchen war es nicht.

Wenn du für die Köchin bist, ist deine Lösung die 346. Das Dienstmädchen hat die Nummer 787 und der Gärtner die 654.

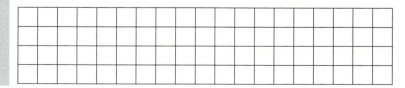

16

Am nächsten Morgen schliefen die drei ziemlich lange. Nach dem Frühstück sahen sie sich dann das Kästchen genauer an. Es war ziemlich alt und wirkte nicht sehr stabil. Es war mit einer Art Zahlenschloss ausgestattet: Am Deckel befanden sich acht verstellbare Rädchen, mit denen man jeweils die Zahlen von 1 bis 8 einstellen konnte.

Nachdem Jo ein paar Kombinationen ausprobiert hatte und alle Versuche erfolglos geblieben waren, sagte Max: „Da muss es irgendein Schema geben! Das tüftle ich bei uns zu Hause aus. Marie und ich sollten jetzt einmal nach Hause gehen, es ist schon fast Mittag. Wir haben wahnsinnig lange geschlafen. Mama macht sich bestimmt schon Sorgen!"

Marie und Max verabschiedeten sich von Jo und seinen Eltern und machten sich auf den Weg nach Hause. Mama Bergmann kochte gerade das Mittagessen, und da ihr die Sahne ausgegangen war, schickte sie Marie noch einmal los zum Supermarkt.

Missmutig machte Marie sich auf den Weg. Sie stand eine Ewigkeit an der Kasse in der Schlange, und als sie endlich zurückkam, wurde sie von Max freudig begrüßt.

„Ich weiß, wie man das Kästchen öffnet! Amanda wusste die Lösung, ich habe sie eingeweiht."

Marie traute ihren Ohren nicht, sie war wütend, wahnsinnig wütend. Ohne auch nur ein Wort zu sagen, lief sie in ihr Zimmer und warf sich heulend aufs Bett. Wie konnte Max nur die ungeliebte Amanda in ihren Fall einweihen? Wie konnte er das tun? Marie hatte keine Lust mehr, sollte Max doch den Fall übernehmen.

Auch Frau Bergmann konnte Marie nicht überreden, zum Essen zu erscheinen.

Erst als Max schließlich ein schlechtes Gewissen bekam und sich bei Marie entschuldigte, beruhigte sie sich etwas. Am Ende konnte er sie überzeugen, am Nachmittag mit ihm und Amanda das Kästchen zu öffnen. Marie hatte eingesehen, dass sie ohne Amanda vielleicht nie darauf gekommen wären, wie man das Kästchen öffnen kann.

! ÜBUNG 16

Übung 16: Das Schloss funktionierte mit folgendem Mechanismus: Die Zahlen von 1–8 mussten so eingesetzt werden, dass keine benachbarten Zahlen in benachbarten Kästchen stehen. Kannst du es knacken? Es gibt verschiedene Möglichkeiten. Finde mindestens 2 und lies dann auf Seite 68 weiter!
So sieht das Schloss aus:

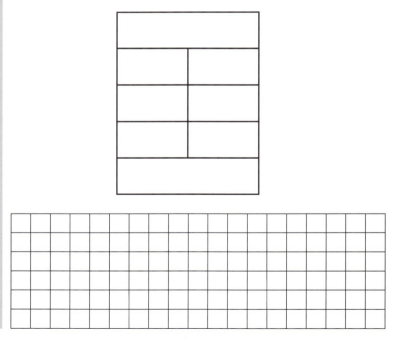

28

Jo war verzweifelt. Ausgerechnet eine Rechenaufgabe! Schon die Aufgaben, die seine Oma ihm stellte, konnte er nicht lösen, und diese Situation war noch viel, viel schlimmer. Er brauchte die Informationen ganz dringend, Marie, Max und Amanda zählten schließlich auf ihn!

Jo atmete tief durch und las die Aufgabe durch. Nach einer Weile gelang es ihm, einigermaßen zur Ruhe zu kommen. Er machte sich Notizen, dachte nach, und plötzlich schien das Ganze Sinn zu machen. Jo schrieb auf, was gegeben war, zog Folgerungen und nach zehn Minuten stand dann tatsächlich das Ergebnis auf seinem Zettel.

Es war ihm gelungen, die knifflige Aufgabe zu lösen! Die alte Dame war sehr zufrieden.

„Vielen Dank!", sagte sie erfreut. „Nun aber zu Ihren Fragen. Viel weiterhelfen kann ich Ihnen nicht. An den Abholer kann ich mich gar nicht mehr erinnern, es war ja schon dunkel. Ich kann Ihnen nur noch sagen, dass es sich um einen Mann gehandelt hat. Und zu dem Paket: Allzu viel fällt mir da auch nicht mehr ein. Es war nicht besonders groß und stand hier eine ganze Weile herum. Das ist alles, was ich weiß!"

Das brachte Jo nun überhaupt nicht weiter. Er musste mehr erfahren, deswegen bohrte er nach: „Es muss Ihnen doch noch irgendetwas aufgefallen sein! Bitte versuchen Sie noch einmal, sich zu erinnern!"

„Nun gut, lassen Sie mich überlegen ... Ach ja, da war noch etwas: Auf dem Paket war so ein Aufkleber mit der Aufschrift AIRMAIL, es muss also per Luftpost gekommen sein. Ach, und ich habe mir dann noch aus Interesse den Absender angeschaut, aber ich kann mich nicht mehr erinnern …"

„Bitte versuchen Sie es!", bat Jo. „Die Informationen sind wirklich wichtig für mich!"

„Hm, lassen Sie mich nachdenken. Ich glaube, es kam aus Großbritannien, Wintervillage. Nein, das war es nicht", grübelte die Frau. „Ah, jetzt fällt es mir wieder ein! Es kam von einem Herrn. Gregory ... Gregory ... Gregory Miller-Greenberg, aus Wintertown. Mehr kann ich Ihnen jetzt aber beim besten Willen nicht mehr sagen. Außerdem bin ich mit Freundinnen zum Bridge-Spielen verabredet."

Jo war zufrieden und verabschiedete sich fröhlich: „Vielen Dank, das könnte weiterhelfen. Ich finde allein nach draußen. Auf Wiedersehen!"

Es war gar nicht schlecht gelaufen, er hatte neue brauchbare Informationen bekommen. Es hatte allerdings ziemlich lange gedauert. Deswegen waren die drei anderen, als er nach draußen kam, zum Zeitvertreib schon mit der nächsten Rechenaufgabe beschäftigt.

ÜBUNG 28

Übung 28: Die Aufgabe lautete: Addiert man den 3. und 5. Teil eines Vermögens, subtrahiert das Ergebnis dann von dem Vermögen und addiert anschließend ein Viertel der berechneten Summe und die Hälfte der berechneten Differenz, erhält man 231 €. Wie groß war das Vermögen?

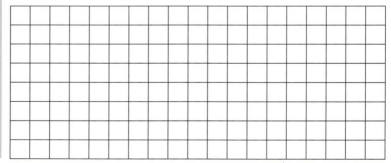

41

Kirsty war erstaunt, als sie am Mittag ihre E-Mails abrief. Normalerweise antwortete Marie nie so schnell, es musste sich um eine wichtige Nachricht handeln. Vielleicht konnte sie ja doch noch erfolgreich bei der Lösung des Falles mitwirken!

Schnell war der Entschluss gefasst, dass sie die Chorprobe heute schwänzen und stattdessen ins Museum gehen würde. Erst musste aber noch der Abwasch erledigt werden. Sie hetzte in die Küche hinunter und innerhalb weniger Minuten war die Arbeit getan. Eigentlich sollte sie die Chorprobe nicht schwänzen, ihre Mutter würde nicht begeistert sein. Aber der Fall hatte eben Priorität.

Diesmal beschloss Kirsty allerdings, zuerst eine Internetrecherche durchzuführen, bevor sie losging. Leider gab es im Internet aber keine Informationen über einen Diebstahl im Museum. Das war seltsam, aber das Internet kann ja auch nicht immer alles wissen.

„Manchmal muss man eben doch auf altmodischere Methoden zurückgreifen!", dachte sie.

Als sie sich auf den Weg machte, kam sie an ihrer Mutter vorbei, die ein Mobile für ihren kleinen Neffen, Kirstys Cousin, bastelte. Er feierte nächste Woche seinen ersten Geburtstag. Zwei kleinere Mobiles waren schon fertig:

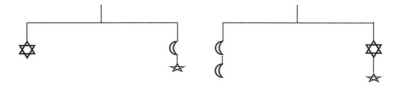

Jetzt bastelte Mrs. Smith an einem größeren Modell. So weit war sie bisher gekommen:

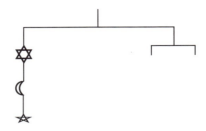

Übung 41: *Wie muss das neue Mobile gestaltet sein, damit es sich ebenfalls im Gleichgewicht befindet? Frau Smith hat nun noch einen Mond und sieben Sterne zur Verfügung. Wie viele Sterne benötigt sie, wenn sie den Mond verwendet? Wie viele Sterne benötigt sie, wenn sie den Mond nicht verwendet? Addiere beide Zahlen!*

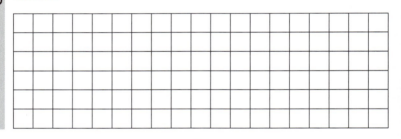

9b

Die beiden ersten Aufgaben bereiteten den zwei Freunden überhaupt keine Probleme. Auf die Lösung der dritten Folge kamen sie jedoch beim besten Willen nicht. Sie grübelten und grübelten fast den ganzen Nachmittag und probierten alles Mögliche aus, aber nichts passte.

„Wir haben nur noch eine einzige Möglichkeit", sagte Marie schließlich enttäuscht. „Ich sage das nicht gern, aber wir müssen Max einweihen. Er kann uns bestimmt helfen."

„Fragt sich nur, ob er es tut!" sagte Jo zweifelnd.

„Na ja, wir werden sehen. Ich frage ihn aber erst, wenn Amanda weg ist. Lass uns jetzt endlich auf den Bolzplatz gehen!"

Gesagt, getan. Die beiden Freunde verließen das Haus. Auf dem Platz konnte Marie endlich ihren neuen Fußball testen. Und er bestand den Test! Marie schoss ein Tor nach dem anderen und Jo war deprimiert.

Nach dieser anstrengenden Partie Fußball und dem 20:15-Fernsehfilm fiel Marie dann in ihr Bett und schlief mit freudigen Gedanken an den nächsten Tag ein.

Nach dem Frühstück war dann Zeit für das Gespräch mit Max. Sie setzte ihr schönstes Lächeln auf, zeigte ihm die Aufgabe und bat ihn ganz freundlich um Hilfe.

Damit war sie allerdings bei Max an der falschen Adresse. Er durchschaute seine Schwester sofort.

„Seit wann interessierst du dich denn für so etwas, kleine Schwester? Da ist doch etwas faul. Ich weiß natürlich die Lösung, aber so einfach kriegst du sie nicht. Sag mir erst einmal, worum es geht!"

Marie zögerte, doch es blieb ihr nichts anderes übrig, als ihm den anonymen Brief zu zeigen, auch wenn eigentlich niemand außer ihrem besten Freund Jo davon erfahren sollte.

Max las den Brief und machte Marie dann ein Angebot: „Ich löse dir die Aufgabe, aber dafür will ich heute mit ins Neuhauser Moor. Das scheint ein Fall ganz nach meinem Geschmack zu sein!"

Das war Marie nun gar nicht recht, aber auch hier hatte sie keine Wahl. Ohne Max würden sie nicht die richtige Anzahl der Schritte herausfinden, und damit wäre der Brief wertlos.

„Na ja, okay, abgemacht. Du bist im Team. Deine Rechenkünste könnten uns ja noch von Vorteil sein …"

„Alles klar!", sagte Max erfreut. „Und nun zur Lösung: Schon mal was von Fibonacci-Zahlen gehört?"

ÜBUNG 9b

Übung 9b: Hast du schon davon gehört? Falls nicht – du kannst die Zahlenfolge bestimmt auch so um 4 Glieder fortsetzen und zusammen mit den vorherigen Ergebnissen die Anzahl der Schritte bestimmen!

1, 1, 2, 3, 5, 8, 13, _____, _____, _____, _____

1600 + _____ = _____

In Windeseile hatte Max die Lösung. Schnell erklärte er Jo und Marie, wie er darauf gekommen war, und Jo konnte endlich seiner Oma die Daten weitergeben. Die hatte schon sehnsüchtig darauf gewartet und bedankte sich herzlich.

Nun waren endlich alle lästigen Aufgaben erledigt und es konnte losgehen! Zuerst musste jedoch die Ausrüstung vervollständigt werden. Max und Marie hatten ein paar Dinge mitgebracht, die vielleicht nützlich sein konnten: ein Fernglas, eine Taschenlampe, ein Handy und sogar Maries alte Steinschleuder. Und Max war nicht davon abzubringen gewesen, seinen Taschenrechner einzustecken. Jo

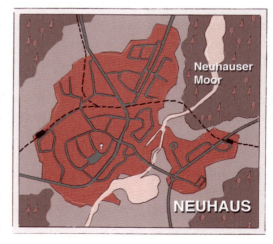

packte noch eine Decke, ein Notizbuch und sogar einen Fotoapparat in seinen Rucksack. Sie wollten auf alles vorbereitet sein. Auch an Proviant hatten sie gedacht, denn sie wussten ja nicht, wie lange sie im Moor verharren würden. Schließlich wurde noch eine Karte von Schönhof und Umgebung eingepackt, auf der auch das Neuhauser Moor eingezeichnet war. Dann wurde es langsam Zeit aufzubrechen.

Übung 12: Die Karte hat einen Maßstab von 1:35.000. Die Strecke von Schönhof bis zum Moor ist 17 cm lang. Wie viele Minuten brauchen die Kinder, um zum Moor zu gelangen, wenn sie pro Minute 350 m zurücklegen?

ÜBUNG 12

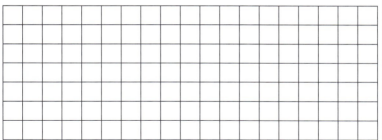

Es war 19:00 Uhr, als Marie ihre E-Mails abrief. Jo saß neben ihr. Super, Kirsty hatte geantwortet!

„Das ging aber flott!", freute sich Jo. „Ich hole schnell Max und Amanda herüber – sofern sie sich beim Tüfteln stören lassen!"

Die beiden ließen sich bereitwillig stören. Alle drängten sich um den PC und blickten gebannt auf den Monitor. Was hatte Kirsty herausgefunden? Würden sie mit der Lösung ihres Falles fortfahren können?

In freudiger Erwartung klickte Marie auf den Button LESEN und alle lasen gleichzeitig die E-Mail.

Die nachfolgende Szene glich einem Trauerspiel. Marie warf sich aufs Bett und weinte vor Enttäuschung. Jo murmelte „Ich muss nach Hause!" und verschwand. Max schlug fluchend die Tür zu und verkroch sich in seinem Zimmer. Nur Amanda schien wenig überrascht zu sein.

„Jetzt warte doch erst einmal ab!", wollte sie Marie trösten.

Marie schleuderte ihr Kopfkissen in Richtung Amanda, solche belanglosen Sprüche wollte sie jetzt nicht hören.

Also beschloss Amanda, wieder zu Max zu gehen. Sie waren gerade mitten in einer Aufgabe gewesen, als die E-Mail ankam. Wie sie Max kannte, saß er mittlerweile schon wieder darüber und grübelte, um sich abzulenken.

Tatsächlich fand Amanda Max am Schreibtisch vor. Gemeinsam lösten die beiden die Aufgabe, bevor Amanda ebenfalls den Heimweg antrat.

ÜBUNG 37

Übung 37: Kannst du das auch? In welcher Reihenfolge liegen die Punkte B, C, D auf der 4 m langen Strecke AE, wenn AB = CE = 110 cm und AD = ⁷⁄₁₀ der Gesamtlänge von AE lang sind?

Mögliche Reihenfolgen: BCD = 16, BDC = 26, CBD = 36, CDB = 46, DBC = 56, DCB = 66

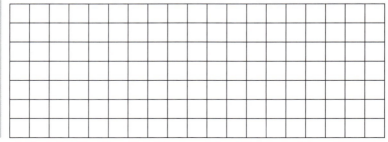

63

Amanda löste die Aufgabe schnell und ohne Probleme.
„Okay, Frau Rose, Sie haben den Test bestanden!", witzelte Max.
Danach stürzten sich die vier Freunde auf das Picknick. Es wurde alles durcheinandergegessen. Schließlich nahmen die vier ihre Becher und stießen auf den neu gegründeten Detektivclub an.
„Stopp! Da fehlt doch noch etwas", merkte Marie an. „Unser Club braucht noch einen Namen!"
„Du hast recht", pflichtete Amanda bei. „Gibt es Vorschläge?"
„Wie wär's mit 2MAJ?", schlug Jo vor. „Ich finde, das hört sich irgendwie cool an. 2M für Max und Marie, A für Amanda und J für meine Wenigkeit."
Alle waren einverstanden. So wurde also der 2MAJ gegründet, und die vier Freunde waren nun bereit, echte Fälle in Angriff zu nehmen!

Nach der Lösung dieser Aufgabe widmete Kirsty sich einem anderen Buch. Es war ein Kriminalroman, der im 18. Jahrhundert spielte. Kirsty las ungefähr zwei Stunden am Stück, während der Regen auf ihr Dachfenster prasselte. Das Buch war wirklich sehr spannend, Kirsty konnte es gar nicht aus der Hand legen. Doch dann wurde das Prasseln leiser und hörte schließlich fast ganz auf, und so beschloss Kirsty, in die Butcherstreet aufzubrechen. Ihr Cape zog sie vorsichtshalber trotzdem an und auch der Schirm durfte nicht fehlen.
Es war nun schon fast Abend. Eigentlich hätte Kirsty den Schirm nicht mitzunehmen brauchen, es schien jetzt sogar ein wenig die Sonne.

Das wechselhafte Wetter erinnerte sie irgendwie an ihren letzten Urlaub, den Kirsty mit ihren Eltern auf einer seltsamen Ferieninsel verbracht hatte. Irgendetwas schien dort mit dem Wetter nicht zu stimmen. Es folgte einem bestimmten Muster, montags und mittwochs war es immer stürmisch, samstags immer regnerisch und an den restlichen Tagen sonnig.

ÜBUNG 34

Übung 34: An welchem Wochentag hätten die Smiths ihren 23-tägigen Urlaub starten müssen, um möglichst viele Sonnentage zu erleben?

Verwende folgenden Schlüssel: Montag = 91, Dienstag = 92, Mittwoch = 93, Donnerstag = 94, Freitag = 95, Samstag = 96 und Sonntag = 97.

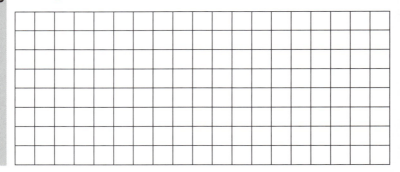

61

Das Rätsel war schnell gelöst, mittlerweile waren alle drei sehr gut im Rätsel knacken geworden.

„Gut, ihr habt das Rätsel gelöst. Dann muss ich wohl auch meinen Teil der Abmachung erfüllen", sagte Amanda.

Sie holte tief Luft und begann ganz von vorn: „Am Morgen von Maries Geburtstag habe ich also diesen anonymen Brief geschrieben und ihn bei euch eingeworfen. Eure Mutter hätte mich beinahe dabei entdeckt – zum Glück konnte ich mich gerade noch hinter der Mülltonne verstecken. Mir war klar, dass Marie ins Neuhauser Moor gehen würde, so aufgeweckt und neugierig, wie sie ist, und mir war auch klar, dass sie Max einweihen würde, denn die letzte Zahlenfolge hatte es in sich. Danach war es nur noch eine Frage der Zeit, bis Max mich einweihen würde. Nun zu den Verbrechern: Max hat ganz richtig erkannt, dass einer der beiden Männer im Neuhauser Moor mein Bruder war. Der andere war ein Freund von ihm. Ich habe sie gebeten, das Kästchen zu vergraben, und den Text hatte ich auch mit ihnen einstudiert. Nun musste der nächste Schritt her, glücklicherweise hat Mama dieses Schließfach am Bahnhof. Sie hat mir den Schlüssel geliehen, sie benutzt es nämlich so gut wie nie."

„Und der Brief im Schließfach?" fragte Jo.

„Den hat dann meine Oma geschrieben. Ich habe ihn ihr diktiert, darum konnte ich ihn sofort lesen. Das war wohl nicht so schlau, ich hätte mir denken können, dass ihr stutzig werdet, wenn ich den Brief sofort lesen kann. Dabei hab' ich meine Oma extra gebeten, ordentlich zu schreiben. Du kennst sie ja mittlerweile recht gut, Jo. Übrigens soll ich dir noch einmal Danke fürs Rasenmähen sagen, und du bist nächste Woche herzlich zum Kuchenessen eingeladen. Ach ja, und diesmal kannst du auch Kakao haben."

Amanda zwinkerte Jo zu, der eine Grimasse zog.

„Max hat uns wahrscheinlich bei einem unserer Spaziergänge gesehen", fuhr Amanda fort. „Oma habe ich dann auch genau angewiesen, welche Informationen sie wann weitergeben darf. Sie liebt solche Spiele, sie war richtig traurig, dass der Fall heute aufgelöst wird."

„Und was ist mit Wintertown und der Kette?", wollte Marie wissen. Sie konnte sich das Ganze nicht erklären.

„Tja, da habe ich mir besondere Mühe gegeben. Erst einmal braucht ihr euch keine Sorgen zu machen, die Kette liegt schon lange wieder an ihrem Platz. Ich bin auf Wintertown gekommen, weil Max einmal erwähnt hatte, dass Marie eine Brieffreundin dort hat. Mir gefiel die Idee, auch im Ausland ermitteln zu müssen. Und wie es der Zufall wollte, wohnt mein Onkel in Wintertown! Ich habe ihn schon oft dort besucht und ich fand die kleine Gedenktafel an Gregory Miller-Greenberg schon immer toll. Sie musste einfach in meinen Fall eingebaut werden. Als ihr dann aufgeben wolltet, musste ich natürlich handeln. Also habe ich einen zweiten anonymen Brief geschrieben, in dem ich dann die Kette ins Spiel brachte. Das war riskant und ihr hattet ja auch zu Recht große Zweifel. Aber zum Glück seid ihr schließlich doch der Spur gefolgt. Die Kette konnte ich dann ganz leicht verschwinden lassen. Mein Onkel ist nämlich der Museumsdirektor in Wintertown und es war kein Problem, das Schmuckstück kurzzeitig an einem anderen Platz zu verwahren. Glücklicherweise ist es außer Kirsty niemandem aufgefallen."

„Wow!", staunte Jo. „Du hast tatsächlich alles genau durchgeplant! Kein Wunder, dass wir darauf reingefallen sind… Und wie hast du das mit der Firma Gebringer hingekriegt? Hattest du keine Angst, dass sie uns dort erwischen und alles auffliegt?"

„Ach, das war nicht schwer – mein Bruder arbeitet bei Gebringer und hat das mit seinem Chef alles vorher abgeklärt. Selbst wenn wir also in der Fabrik erwischt worden wären, hätte es keinen Ärger gegeben. Ich fand es aber trotzdem ziemlich aufregend dort. Die alte Halle, der viele Müll und die Einsamkeit – das sorgte wirklich für eine düstere Atmosphäre. Ich hätte ganz schön Angst gehabt, wenn ich nicht gewusst hätte, dass die Personen keine Verbrecher sind, sondern mein Bruder und sein Kollege! Ein Kompliment an euren Mut! Und nachdem ihr dann endlich herausgefunden hattet, wo die Lösung des Falles liegt, habe ich euch an diese Lichtung gelockt, um alles aufzulösen. Und gestern kam mir auch die Idee mit dem Picknick, das ist der ideale Ort dafür. Ein schlechtes Gewissen habe ich jetzt allerdings schon, weil ich euch so lange an der Nase herumgeführt habe. Ich hoffe, ihr seid nicht sauer! Und nun lasst euch das Picknick schmecken! Ich habe keine Kosten und Mühen gescheut!"

Tatsächlich, Amanda hatte nicht zu viel versprochen. Sie hatte sogar Nussschnecken und Kuchen besorgt!

Übung 61: Sie hatte zwei Kuchen und drei Nussschnecken gekauft. Die Kuchen sind viel teurer als die Nussschnecken. Jedes der fünf Teile kostete einen glatten Betrag und sie hat 15 € ausgegeben. Dabei sind die beiden Kuchen gleich teuer gewesen. Wie viel kostete ein Kuchen?

ÜBUNG 61

27

Das Haus war ziemlich alt. Die altmodische Einrichtung entsprach keinesfalls den Vorstellungen, die Jo gehabt hatte. Hier schien eine friedliche ältere Frau zu leben. Überall lagen gehäkelte Deckchen oder Strickzeug herum. Die Möbel waren alt und abgenutzt, an den Wänden hingen Stickereien und Landschaftsgemälde. Ein paar Katzen streiften umher.

„Folgen Sie mir in die Küche, junger Mann! Ich wusste nicht, dass für solche Missionen jetzt schon Kinder geschickt werden", spottete die alte Dame.

„Der Boss meinte, es würde weniger Verdacht erregen", erwiderte Jo cool.

„Das ist gar nicht dumm. Aber, wie gesagt, ich habe das Paket nicht mehr. Es wurde vorgestern so gegen halb zehn abends abgeholt. Wollen Sie einen Kaffee?", fragte die alte Dame.

Jo hasste Kaffee. Er hatte sich als kleines Kind eine Tasse heißen Kaffee über die Hand gekippt, seitdem wurde ihm schon allein vom Geruch schlecht. Er wollte aber nicht unprofessionell wirken, und so nahm er das Angebot an.

„Da muss Ihnen wohl jemand etwas vorgemacht haben, das Paket war für mich bestimmt. Ich muss es unbedingt finden! Ich brauche Informationen über den Abholer und über das Paket selbst!", forderte Jo.

Er war erstaunt, wie eiskalt er lügen konnte. Er hätte sich diese Maskerade wohl selbst abgenommen, wenn er an Stelle der alten Dame gewesen wäre. Dennoch hatte er Angst. Er hatte keine Ahnung, wie viel die alte Dame wusste. Es konnte jederzeit passieren, dass seine Geschichte nicht zu den Informationen der Frau passte, und dann müsste er sich schnell eine Erklärung aus den Fingern saugen.

„So geht das aber nicht, junger Mann!", wandte die alte Dame ein. „Sie wissen schon, dass in unserem Business eine Hand die andere wäscht. Ich habe da so ein Problem, das mich schon längere Zeit beschäftigt und bei dem Sie mir helfen können. Und Ihren Kaffee haben Sie auch noch nicht angerührt. Beantworten Sie meine Frage, und Sie erhalten alle Informationen, die Sie brauchen!"

Jo kam sich vor wie bei seiner Oma, aber er hatte keine Wahl. Widerwillig nahm er einen großen Schluck Kaffee und begann die Aufgabe zu lösen, die ihm die alte Dame gestellt hatte.

Übung 27: Hilf ihm dabei! Die alte Frau hatte folgendes Problem: Sie wollte wissen, an welchem Wochentag in einem bestimmten Jahr Nikolaus war. Ihr fiel die Jahreszahl aber nicht mehr ein. Sie wusste nur noch, dass es in diesem Jahr im Dezember genau 4 Freitage und 4 Montage gab.

Verwende folgenden Schlüssel: Montag = 91, Dienstag = 92, Mittwoch = 93, Donnerstag = 94, Freitag = 95, Samstag = 96 und Sonntag = 97.

Endlich erreichten sie den Wald, zur Lichtung war es nun nicht mehr weit.

„Hoffentlich sind heute keine Spaziergänger auf der Lichtung", sagte Max. „Wir können wohl kaum zu buddeln anfangen, wenn wir beobachtet werden."

„Schlimmstenfalls müssen wir eben warten, bis keine Leute mehr da sind", erwiderte Marie.

Jetzt waren sie an der Lichtung angekommen. Es war dort sehr still, aber auf der Lichtung konnten sie etwas Buntes erkennen. Vorsichtig stellten die drei Freunde ihre Fahrräder ab und näherten sich dem Ahornbaum. Unter dem Baum war eine Picknickdecke ausgebreitet. Darauf befanden sich Teller und Becher für vier Personen, und jede Menge Essen. Da gab es Schnittchen, Gebäck, Süßigkeiten und auch verschiedene Obstsorten.

„Hm, lecker! Da würde ich mich jetzt gern bedienen", sagte Jo.

„Nicht nur du!", fügte Marie hinzu.

Das Essen sah einfach zu gut aus, da hatte sich jemand richtig Mühe gegeben.

„Aber warum steht das ganze Zeug hier allein im Wald herum? Weit und breit ist niemand zu sehen."

„Keine Ahnung", antwortete Max. „Aber ich gönne mir jetzt einfach mal eine Banane. Ich finde, das sieht aus, als wäre es für uns gemacht!"

„Bedient euch ruhig!", ertönte es von oben.

Amanda saß in der Baumkrone und lächelte ihren Freunden zu. Niemand hatte sie bemerkt. Während Marie und Jo erstaunt nach oben blickten, begann Max seelenruhig, seine Banane zu verspeisen.

Übung 59: *Eine Banane enthält 0,012 % Vitamin C. Wie viel Gramm Banane muss man essen, um 100 mg Vitamin C zu sich zu nehmen? Gib das Ergebnis in Gramm und als gemischte Zahl an!*

10

„Das war ja gar nicht so schwer … Aber allein wäre ich nie darauf gekommen", meinte Marie.

„Tja, Übung macht den Meister", erwiderte Max. „Aber mal eine andere Frage: Wie wollen wir uns eigentlich heute Abend aus dem Haus stehlen? Mama würde nie erlauben, dass wir uns um elf noch im Moor herumtreiben."

„Also, ich werde sagen, ich schlafe bei Jo. Mama hat bestimmt nichts dagegen, es sind ja Ferien. Jos Eltern sind heute Abend auf eine Feier eingeladen, bis die dann wieder nach Hause kommen, sind wir auch schon fast im Reich der Träume. Und du musst auch bei Jo schlafen, weil du, sagen wir mal, seinen PC reparieren willst, denn der hat Probleme mit dem Internet", schlug Marie vor.

„Schwesterherz, du hast ja richtig gute Ideen, das hätte ich dir gar nicht zugetraut!", sagte Max anerkennend. „Schau mal, vielleicht ist ja dann diese neue Knobelgeschichte etwas für dich! Das Wetter ist sowieso nicht besonders schön und du scheinst ja neuerdings Spaß am Rätseln zu haben!"

Damit hatte er gar nicht so unrecht. Und da im Moment ein Gewitter im Anmarsch war, der PC erst heute Abend von der Reparatur zurückkam und Jo heute Nachmittag seine Oma besuchte, war Marie sogar dankbar für Max' Vorschlag.

Übung 10: Hilf Marie beim Rätseln: Sultan Hatschi hatte drei Berater. Er wusste, dass einer von ihnen immer die Wahrheit sprach, der andere immer log und der Dritte es manchmal mit der Wahrheit genau nahm und manchmal nicht. Er wusste aber nicht, wer von ihnen welches Verhalten an den Tag legte. So bediente er sich einer List. Er stellte die drei Berater in einer Reihe nebeneinander und stellte jedem von links nach rechts genau eine Frage.

Frage 1:	Wer steht neben dir?
Antwort 1:	Der Ehrliche.
Frage 2:	Wer bist du?
Antwort 2:	Der Unentschlossene.
Frage 3:	Wer steht neben dir?
Antwort 3:	Der Lügner.

Nun wusste Sultan Hatschi, wem er absolut vertrauen konnte. Ist der erste, der zweite oder der dritte Berater von links aus gesehen der Ehrliche?

Die Aufgabe war schnell gelöst und Jo machte sich auf den Weg. Marie ging zurück nach draußen. Max stand bereits wieder in der Einfahrt.

„Was ist mit Amanda?", fragte Marie. „Jo ist schon unterwegs, er müsste in ein paar Minuten da sein."

„Sie kommt nicht", erwiderte Max. „Sie meinte, ihr ist etwas dazwischengekommen. Aber ich kann mir nicht vorstellen, dass es etwas Wichtigeres als das Endstadium unseres Falles gibt. Irgendetwas geht da nicht mit rechten Dingen zu."

Marie war richtig entsetzt. Wie konnte Amanda sich das entgehen lassen? Sie selbst hätte alles getan, um heute dabei zu sein. Tja,

Amanda hatte offenbar etwas Besseres zu tun. Aber das würde die anderen nicht davon abhalten, den Fall heute zu lösen!

Einige Minuten später bog Jo um die Ecke. Auch er war erstaunt, dass Amanda sich diese Gelegenheit entgehen ließ. Aber sie waren ja immer noch zu dritt und es wurde nun wirklich Zeit, die Kette zu holen. Irgendwie gelang es den drei Freunden, Papa Bergmanns Spaten auf eines der drei Räder zu laden, und dann machten sie sich auf den Weg. Es war nicht weit zum Schönhofer Wald. Er lag hinter dem Neubaugebiet von Schönhof. Marie und Max waren schon oft dort gewesen. Als sie noch klein waren, hatten ihre Eltern oft Spaziergänge in den Wald mit ihnen gemacht.

Damals war der Wald noch größer gewesen. Ein Teil war dann abgeholzt worden, um das Neubaugebiet zu schaffen. Die drei Freunde fuhren an einem neu ausgeschilderten Bauplatz vorbei.

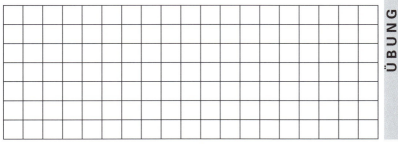

Übung 58: Der Bauplatz war 45,5 m lang und 22,2 m breit. Was kostet er (in €), wenn der Preis für 1 m² 314,40 € beträgt?

ÜBUNG 58

50

Wie versprochen war Amanda schnell von ihrem Telefonat zurück und alle waren zum Aufbruch bereit. Die vier Freunde beschlossen, zu Fuß zur Fabrik zu laufen. Sicher war es zu auffällig, wenn vier Fahrräder in einem der entlegensten Winkel von Schönhof abgestellt waren. Max' Fahrradkorb nahmen sie aber trotzdem mit, denn darin konnten gut alle möglichen Utensilien verstaut werden. Jeder packte ein, was er für sinnvoll hielt. Marie entschied sich für ein Fernglas, ein Diktiergerät und einen Fotoapparat. Max fügte noch eine Lupe, eine Taschenlampe und sein Handy hinzu. Schließlich wollte Jo noch unbedingt zwei Flaschen Wasser und Süßigkeiten mitnehmen.

„Und wofür soll das gut sein?", wollte Max wissen.

„Vielleicht bekommen wir Hunger und Durst", antwortete Jo. „Stell dir einmal vor, wir beobachten die Verbrecher und plötzlich knurrt dein Magen. Wir würden sofort entdeckt werden!"

„Dann pack lieber auch noch Taschentücher ein, falls du wieder niesen musst wie im Neuhauser Moor!", witzelte Max.

Gesagt, getan – schon waren die Taschentücher im Korb verstaut. Amanda wollte nun auch noch ein paar Dinge mitnehmen, aber Max' Korb war nicht besonders stabil. Er konnte höchstens mit 5 kg beladen werden.

Übung 50: Wie viel Gramm darf Amandas Ladung haben, wenn eine Wasserflasche 1 kg, die Süßigkeiten 233,3 g, die Taschentücher 2376 mg, Max' Utensilien 999 g und Maries Sachen 1276 g wiegen?

11

Marie saß ziemlich lange an dieser Knobelaufgabe, aber es gelang ihr dann doch, sie zu lösen. Die Zeit wollte heute einfach nicht vergehen. Außer dem erwarteten „Alles Gute zum Geburtstag nachträglich"-Anruf von Oma wollte einfach nichts Interessantes passieren. Marie verbrachte die restliche Zeit mit Aufräumen und Lesen.

Gegen acht machten sich die beiden Bergmann-Geschwister dann mit ihren Fahrrädern auf zu Jo. Wie erwartet, war Frau Bergmann schnell einverstanden gewesen. Sie wirkte sogar sehr erfreut darüber, dass die beiden Geschwister sich plötzlich so gut zu verstehen schienen! Zum Glück regnete es nun nicht mehr – im Regen ins Moor zu gehen war nun wirklich keine schöne Vorstellung.

Schnell kamen die beiden bei Jo zu Hause an. Sie klingelten, doch niemand öffnete.

„Er wird doch nicht etwa unseren Ausflug vergessen haben?", überlegte Max.

„So etwas würde Jo niemals passieren!", stellte Marie klar. „Er ist zwar häufig zu spät, aber das lässt er sich nicht entgehen!"

Nach dem dritten Klingeln öffnete Jo dann endlich die Haustür. Er wirkte sehr zerstreut, und als Marie und Max das Esszimmer betraten, wurde ihnen klar, warum: Der ganze Tisch war übersät mit Skizzen und Rechnungen.

Auf die fragenden Blicke der Geschwister hin fing Jo schließlich an, zu stammeln: „‚Du gehst doch aufs Gymnasium, Kind', hat Oma gesagt, ‚du musst mir das doch ausrechnen können, bis heute um halb neun muss ich es wissen, morgen Vormittag kommt der Gärtner.' Oma will einfach nicht verstehen, dass ich unter Druck nicht arbeiten kann. Ich rechne jetzt schon seit einer Stunde, aber ich bekomme die Maße von ihrem blöden Gemüsebeet einfach

nicht heraus. Und in 20 Minuten muss ich ihr Bescheid geben!"
„Jetzt beruhige dich erst einmal, ich bin ja da!", tröstete Max. „Ich schlage vor, dass ihr das Chaos hier beseitigt und ich mich der Aufgabe widme. Ich brauche nur noch die Angaben – ach, da liegen sie ja. Das haben wir gleich gelöst."

Übung 11: *Jos Oma möchte wissen, welche Fläche das Salatbeet einnimmt (in m²). Dafür hat sie ihm folgenden Plan von ihrem Gemüsebeet mitgegeben:*

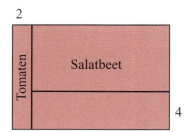

Gesamtfläche: 120 m²
Fläche Tomatenbeet: 20 m²

19

„Siehst du, das war doch gar nicht so schwer!", sagte Marie. „Und jetzt kommst du am besten sofort. Ach, halt, wir treffen uns in einer Viertelstunde am Schönhofer Bahnhof, alles andere dort. Bis dann!"

Schon hatte Marie aufgelegt, ohne Jo auch nur die Chance zu geben, etwas zu erwidern. Da das Wetter schön war, nahm sie das Fahrrad und machte sich auf den Weg. Sie fuhr ihre Straße entlang bis zur Hauptstraße, der sie einen Kilometer lang folgte. Sie beeilte sich, um auf jeden Fall pünktlich zu kommen, doch das hätte sie sich sparen können. Jo kam nämlich wieder einmal zu spät – sein Fahrrad hatte einen Platten und er war zu Fuß gekommen. Marie tobte vor Wut und Jo hatte Mühe, sie zu beruhigen. Aber schließlich war der Platten nicht seine Schuld, das sah auch Marie letztendlich ein.

Die beiden Freunde wandten sich also wieder dem Fall zu und Marie berichtete von den Neuigkeiten. Nachdem sie Jo auf den neuesten Stand gebracht hatte, betraten die Kinder die kleine Bahnhofshalle. Es war nicht viel los, wie üblich in Schönhof. Kaum jemand benutzte noch die Bahnlinie, seit die neue Schnellstraße gebaut worden war.

„Mit dem Zug braucht man jetzt viel länger als mit dem Auto!", sagte Maries Vater.

Dennoch wollte die Gemeinde Schönhof ihren Bahnhof nicht ganz aufgeben.

Als Jo und Marie gerade zu den Schließfächern gehen wollten, erklang durch den Bahnhofslautsprecher folgende Durchsage: „Der Zug Nummer 36754 aus Oberaltstadt, planmäßige Ankunft in Schönhof 16:07 Uhr, wird leider einige Minuten später eintreffen!"

ÜBUNG 19

> Übung 19: Wann trifft der Zug ein, wenn er insgesamt 6 Bahnhöfe anfährt (Oberaltstadt und Schönhof mitgezählt), beim 3. Halt 18 Minuten Verspätung hat, dann aber bei jedem weiteren Halt 3 Minuten aufholt?

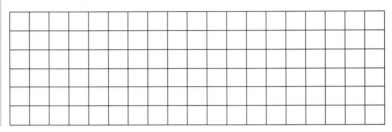

„Was sich heutzutage nicht alles Kunst nennt!", dachte Kirsty, als sie weitereilte. Anhäufungen von Müll, Farbkleckse auf weißem Hintergrund und andere Skurrilitäten fielen in ihr Blickfeld. Irgendwie waren die Arbeiten interessant, aber richtig schön waren sie nicht.

Schließlich gelangte Kirsty in den großen Raum mit den Schätzen aus der Vergangenheit Wintertowns. Kirsty hatte diesen Raum schon einige Male besucht. Sie hielt sich an der rechten Wand und betrachtete die Kunstwerke und Antiquitäten, die in der üblichen Reihenfolge aufgestellt waren. Da gab es zuerst Gemälde der ehemaligen Stadtoberhäupter von Wintertown, dann kam ein Stuhl, auf dem einst angeblich Isaac Newton gesessen haben sollte. Es folgte ein kostbarer Kelch, und dann … Dann konnte Kirsty ihn auch schon erspähen, den Glaskasten, in dem die kostbare Smaragdkette aufbewahrt wurde. Frisch poliert glänzte er im Sonnenlicht.

Kirsty stellte sich vor die Vitrine und las die Inschrift am Sockel:

"Treasure of Wintertown – die Smaragdkette von Mrs. Rachel Young, der Gründungsmutter unserer schönen Stadt". Alles schien seine Richtigkeit zu haben.

Dann ließ das Mädchen seinen Blick nach oben wandern und erstarrte: Die Kette war nicht im Glaskasten. Das rote Samtkissen, auf das sie normalerweise gebettet war, war vollkommen leer. Kirsty verschluckte sich und konnte nicht mehr aufhören, zu husten. Sie schloss die Augen und öffnete sie wieder, doch die Kette blieb verschwunden. Da sie die Blicke aller Besucher auf sich zog, verließ sie das Museum so schnell wie möglich und begab sich auf direktem Weg nach Hause. Das Bild des leeren Glaskastens ging ihr dabei nicht aus dem Kopf.

Übung 44: Der Kasten war würfelförmig und hatte die Kantenlänge 8 cm. Wie viele Würfel der Kantenlänge 2 cm hätte man in dieser Glasvitrine aufbewahren können?

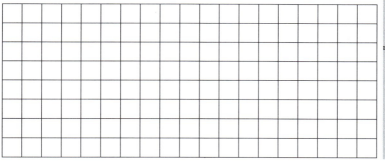

Unterdessen war Jo schon auf dem Weg in die Schillerstraße. Am Haus der alten Dame angekommen, kettete er sein Fahrrad an den Gartenzaun und läutete an der Tür. Er war ziemlich aufgeregt. Hoffentlich konnte die alte Frau ihm doch noch irgendeine hilfreiche Information geben, sonst wäre alles umsonst gewesen. Der Gedanke, den Fall ohne Lösung aufgeben zu müssen, missfiel ihm sehr.

Durch die Sprechanlage ertönte die bereits bekannte Stimme: „Ja, bitte?"

Jo atmete tief durch und legte los: „Guten Tag! Ich bin es wieder, der junge Mann, der vor Kurzem schon einmal bei Ihnen war – wegen des Pakets, das nicht mehr da war. Sie erinnern sich doch sicher an mich?"

Es dauerte eine Weile, bis schließlich die Antwort kam: „Ich habe Ihnen doch bereits alles gesagt, was ich weiß. Was wollen Sie denn noch?"

„Bitte", bettelte Jo, „Sie sind unsere letzte Chance!"

Wieder Stille.

„Na gut, junger Mann!", ertönte es. „Aber umsonst gibt es keine Auskunft. Ich werde sehen, was ich für Sie tun kann. Kommen Sie erst einmal herein!"

Puh, der erste Schritt war geschafft! Erleichtert lief Jo die Treppen zur Wohnung der Dame hoch.

Sie öffnete ihm die Tür und begrüßte ihn. „Passen Sie auf, junger Mann, ich mache Ihnen folgendes Angebot", sagte sie dann. „Sie mähen den Rasen in meinem Garten. Danach reden wir bei einer Tasse Kaffee noch einmal. Mal sehen, ob ich Ihnen weiterhelfen kann."

Das gefiel Jo nun überhaupt nicht. Erstens wusste er nicht, ob er brauchbare Informationen erhalten würde, zweitens war der Garten der alten Dame ziemlich groß, und drittens graute ihm vor dem Kaffee!

Doch ob er wollte oder nicht, er musste dem Vorschlag zustimmen.

Übung 46: Wie viele Quadratmeter Wiese musste Jo mähen? Der Garten der alten Dame war trapezförmig. In der Mitte verlief ein Weg, den Jo natürlich nicht mähen musste. Du kannst ihn dir so vorstellen (alle Angaben in m):

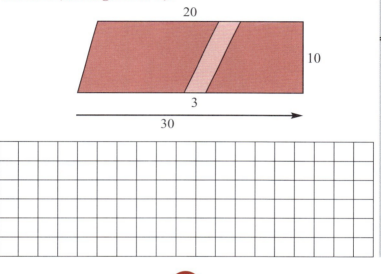

Das Dominospiel war längst fertig. Es war gut gelungen und Marie, Max und Amanda hatten schon einige Runden gespielt. Nach der zehnten Partie hatten sie keine Lust mehr und saßen nur noch im Zimmer herum. Sie konnten es kaum erwarten, dass Jo endlich zurückkam.

Irgendwann meinte Marie: „Ach, das bringt ja doch nichts! Wir sollten die Flinte ins Korn werfen. Wenn Jo Informationen hätte, wäre er sicher schon zurück."

„Jetzt gib nicht so schnell auf!", sagte Max. „Vielleicht ist es ja ein gutes Zeichen, dass er noch nicht da ist. Wenn er keine Informa-

tionen bekommen würde, wäre er sicher schon wieder hier!"

„Der Meinung bin ich auch!", pflichtete Amanda bei. „Die Warterei nervt nur ziemlich, da wird man eben schnell pessimistisch. Aber vielleicht haben wir ja bald ganz heiße Informationen und können der Sache richtig auf den Grund gehen!"

„Hm, ihr habt ja recht", gab Marie zu, „man sollte nicht zu schnell aufgeben. Aber mir ist so verdammt langweilig!"

„Da kann ich Abhilfe schaffen!", tröstete Amanda. „Ich habe da ein ziemlich nettes Rätsel auf Lager, da bist du erst mal eine Weile beschäftigt!"

„Na, dann schieß mal los!", forderte Marie sie auf.

Übung 48: *Löse auch du Amandas Rätsel: Arno, Bianca, Christian und Daniela sind in der Endrunde eines Pokerturniers. Sie geben folgende Tipps für die Endplatzierungen ab:*

Arno:	Ich werde bestimmt Dritter.
Bianca:	Arno liegt wahrscheinlich 2 Plätze vor Daniela.
Christian:	Arno wird gewinnen!
Daniela:	Keinesfalls! Christian liegt 3 Plätze vor Arno.

Am Ende stellt sich heraus, dass nur der Sieger richtig getippt hat. Wie sah die Endplatzierung aus? Welchen Platz belegte Daniela?

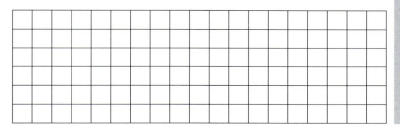

57

Am nächsten Morgen klingelte der Wecker gnadenlos um acht Uhr. Marie war zwar noch etwas müde, aber sie stand gern auf. Schließlich war heute der große Tag, heute würden sie die wertvolle Smaragdkette finden und somit den Gaunern eine Lektion erteilen.

Auch Max war bereits aufgestanden. Schnell machten die Geschwister sich fertig, aßen jeder schnell ein Marmeladenbrot und packten ein paar Sachen ein, die nützlich sein könnten. Um Punkt neun waren sie dann samt Rädern in der Einfahrt. Von Jo und Amanda war aber noch nichts zu sehen.

„Wir hatten doch gestern neun Uhr ausgemacht, oder?", vergewisserte sich Marie.

Max nickte. Ungeduldig warteten die beiden weiter. Als es schließlich fast halb zehn war, wurde es Marie zu bunt.

„Ich rufe jetzt Jo an und du Amanda. Das kann ja wohl nicht wahr sein, dass die so ein wichtiges Ereignis verschlafen!", empörte sie sich.

Als Marie die Nummer von Jo wählte und dieser sich ziemlich verzweifelt meldete, war ihr die Lage sofort klar. Jos Oma wollte wieder einmal unbedingt etwas von ihm wissen. Diesmal hatte ihn die Prüfungsangst leider wieder vollkommen in der Hand.

„Gib mir die Aufgabe!" verlangte Marie. „Ich löse sie schnell, und dann machst du dich aber sofort auf den Weg! Wir haben heute etwas Wichtiges vor, falls du es vergessen hast!"

Jo hatte es nicht vergessen. Er war extra früh aufgestanden, aber als er gerade losfahren wollte, machte ihm seine Oma mit der Aufgabe einen Strich durch die Rechnung.

Diesmal ging es um ihren Girokontostand. Die alte Dame hatte irgendwie den Überblick verloren. Am 30. Juni hatte sie 310 € auf ihrem Konto. Am 1. Tag jedes Monats erhielt sie 30 € für Zierdeckchen, die sie für ein kleines Geschäft häkelte. Am 15. wurden ihr aber jeden Monat 200 € für die Miete abgebucht.

Übung 57: An welchem Datum sperrt die Bank der alten Dame das Konto, wenn das Überziehungslimit bei 400 € liegt?

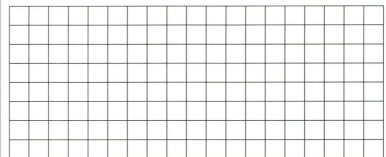

Abschlusstest: Der Detektivclub

Übung 1: Gruppenfoto
a) Jo überlegt, was er auf dem Foto tragen soll. Er kann sein Baseballcap aufsetzen oder nicht. Außerdem hat er 3 T-Shirts und 5 Hosen zur Auswahl. Wie viele Outfits gibt es?
b) Die 4 Freunde stellen für das Foto 4 Stühle in einer Reihe auf. Wie viele Sitzordnungen gibt es?

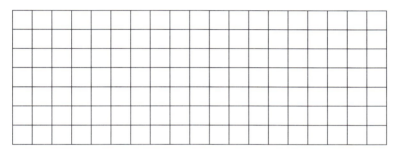

Übung 2: Versorgung mit Nahrungsmitteln
Im Hauptquartier steht ein Glasbehälter mit Süßigkeiten. Er enthält 55,5 g Schokolade, 0,02 kg Bonbons, 1 Tüte Gummibärchen mit 222 g und 5 Lollis à 2355 mg. Wie viel kg Süßigkeiten enthält das Gefäß?

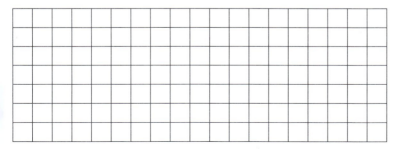

Übung 3: Beschilderung
Dieser Pfeil weist den Weg ins Hauptquartier. Berechne seine Fläche!

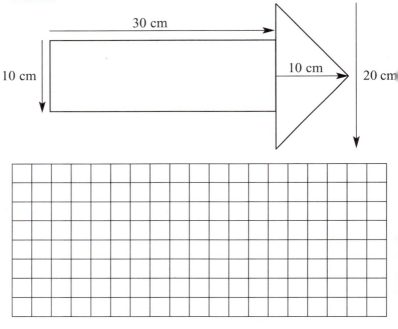

Übung 4: Dekoration
Das Hauptquartier soll mit verschiedenen Postern von Primzahlen geschmückt werden. Welche Zahlen dürfen aufgehängt werden?
a) 131   b) 56   c) 175   d) 67

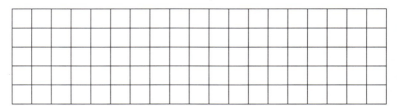

Übung 5: Zeichen
Das folgende Netz stellt zusammengefaltet das Symbol des 2MAJ dar. Was ist das Clubsymbol?

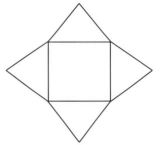

_____

Übung 6: Clubkonto
Es gibt auch eine Clubkasse, in die jeder der vier Freunde 10,25 € eingezahlt hat. Dazu haben sie einen Kredit von Frau Bergmann in Höhe von 35,17 €. Dieses Geld muss jedoch zurückgezahlt werden. Für ihre Ausrüstung gaben die vier 25,53 € aus. Dazu haben sie noch eine Spende in Höhe von 20 € von Amandas Oma erhalten. Wie hoch wäre der Kontostand, wenn der Kredit jetzt zurückgezahlt werden müsste?

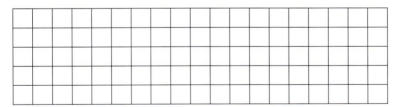

Übung 7: Passwort
Um das Hauptquartier betreten zu können, muss die unten stehende Folge um 4 Glieder ergänzt werden:

1, 2, 4, 8, _____, _____, _____, _____

Übung 8: Auflösung
Es wurde beschlossen, dass im Falle einer Auflösung die Clubkasse in folgender Weise auf die Personen verteilt wird: Marie erhält $\frac{2}{5}$, Jo $\frac{1}{4}$, Max $\frac{1}{3}$ und Amanda $\frac{2}{9}$. Was hältst du von dieser Regelung?

Übung 9: Familienmitglieder
Eine Regelung besagt, dass Familienmitglieder auf den Preis einer Falllösung 22 % Rabatt bekommen. Jos Oma gibt einen Fall in Auftrag, der eigentlich 41 € kostet. Was muss die Oma zahlen?

Übung 10: Aufnahmerätsel
Neue Mitglieder können nur bei Lösung dieses Rätsels aufgenommen werden: Trage die Ziffern 0, 1, 2, 3, 4, 5, 7 so ein, dass die Gleichung stimmt!

___ ___ : ___ + ___ ___ = ___ ___

Lösungen

Übung 1: Kompletter Weg: 50 m; Weg, den Marie in einer Stunde zurücklegt: 5 m − 3 m = 2 m. Nach 23 h ist Marie 23 · 2 m = 46 m weit gekommen. Sie klettert nun in der 24. Stunde 5 m nach oben und kann so den Brunnen verlassen, bevor sie wieder abrutschen würde.

Marie würde 24 h benötigen.

Übung 2: Anzahl der Oberteile: 10, Anzahl der Unterteile: 5 + 3 = 8
Möglichkeiten der Zusammenstellung: 10 · 8 = 80 (Zählprinzip)

Übung 3: Dauer des Abrennens einer Kerze:

$$\frac{15\ cm}{1\ \frac{mm}{min}} = \frac{150\ mm}{1\ \frac{mm}{min}} = 150\ min$$

Die 4. Kerze wird um 9:03 Uhr angezündet. => Sie erlischt 150 min nach 9:03 Uhr.

9 h 3 min + 150 min = 9 h 3 min + 2 h 30 min = 11 h 33 min => 11:33 Uhr

Übung 4: Anteile der drei Bergmanns am Kuchen:

- Marie: $\frac{1}{3}$
- Mama Bergmann: $(1 - \frac{1}{3}) \cdot \frac{1}{3} = \frac{2}{3} \cdot \frac{1}{3} = \frac{2}{9}$
- Max: $1 - \frac{2}{9} - \frac{1}{3} = 1 - \frac{2}{9} - \frac{3}{9} = 1 - \frac{5}{9} = \frac{4}{9}$

Übung 5: Vermutung c) und d) widersprechen sich, deshalb muss eine dieser beiden die wahre Aussage sein.

Angenommen c) wäre richtig: Das Dienstmädchen war es. Dann würde aber aus Aussage b) (die unwahr sein muss, da Antwort c) bereits die einzige richtige Vermutung ist) folgen, dass die Köchin es war. Somit haben wir einen Widerspruch, denn wir suchen nur einen Täter und laut Aussage c) ist bereits das Dienstmädchen die Täterin. Aussage c) kann nicht richtig sein!

⇒ Somit ist Vermutung d) als einzige wahr und die Annahmen a), b), c) sind falsch.

Wir erhalten folgende Informationen:
Aus a): Der Gärtner war es nicht.
Aus b): Die Köchin war es.
Aus c) und d): Das Dienstmädchen war es nicht.

Die Köchin war die Täterin. Lösungszahl: 346

Übung 6: Fläche der kompletten Tafel Schokolade: $12 \text{ cm} \cdot 7 \text{ cm} = 84 \text{ cm}^2$
Fläche des von Marie bereits gegessenen Stückes:
$(7 \text{ cm} - 4 \text{ cm}) \cdot (12 \text{ cm} - 9 \text{ cm}) = 3 \text{ cm} \cdot 3 \text{ cm} = 9 \text{ cm}^2$
Fläche des Reststückes: $84 \text{ cm}^2 - 9 \text{ cm}^2 = 75 \text{ cm}^2$
Fläche eines Schokoladenstückes: $1 \text{ cm} \cdot 1 \text{ cm} = 1 \text{ cm}^2$
Anzahl der restlichen Schokoladenstücke:

$$\frac{75 \text{ cm}^2}{1 \text{ cm}^2} = 75$$

Übung 7: Es gibt 9 Arten von Belägen, 3 davon sind auszuwählen (in beliebiger Reihenfolge).

$$\binom{9}{3} = \frac{9!}{6! \cdot 3!} = 84$$

Übung 8: Verwende römische Zahlen!
~~XII~~

Übung 9:

a) 1, 2, 4, 7, 11, 16, 22, 29, 37
   +1, +2, +3, +4, +5, +6, +7, +8

1, 5, 3, 15, 13, 65, 63, 315, 313, 1565, 1563
·5, −2, ·5, −2, ·5, −2, ·5, −2, ·5, −2

37 + 1563 = 1600

b)   1   1   2   3   5   8   13   21   34   55   89

1 + 1 = 2; 1 + 2 = 3; 2 + 3 = 5; 3 + 5 = 8; 5 + 8 = 13; 8 + 13 = 21;
13 + 21 = 34; 21 + 34 = 55; 34 + 55 = 89

=> 1600 + 89 = 1689

Übung 10: Notiere zunächst alle möglichen Aufstellungen!

Dies sind 3 · 2 · 1 = 6.

E = der Ehrliche   U = der Unentschlossene   L = der Lügner

	1	2	3
a)	E	U	L
b)	E	L	U
c)	U	E	L
d)	U	L	E
e)	L	E	U
f)	L	U	E

Der Erste gibt an, dass neben ihm der Ehrliche steht.
Diese Aussage kann der Ehrliche nicht machen,
da er sonst lügen würde.

=> Aufstellung a) und b) fallen weg.

Der Zweite behauptet, er sei der Unentschlossene.
Das kann der Ehrliche auch nicht sagen.

=> Aufstellung c) und e) kommen ebenfalls nicht infrage.

Es bleiben noch Aufstellung d) und f).
In beiden steht der Ehrliche an Position 3.

Richtig ist d): Da der Ehrliche die Wahrheit sagt,
steht der Lügner in der Mitte.

Übung 11: Fläche Tomatenbeet: $2 \text{ m} \cdot x \text{ m} = 20 \text{ m}^2 \Rightarrow x = \dfrac{20 \text{ m}^2}{2 \text{ m}} = 10 \text{ m}$

Fläche Beet insgesamt: $x \text{ m} \cdot y \text{ m} = 10 \text{ m} \cdot y \text{ m} = 120 \text{ m}^2$

$\Rightarrow y = \dfrac{120 \text{ m}^2}{10 \text{ m}} = 12 \text{ m}$

Fläche Salatbeet: $(y - 2) \text{ m} \cdot (x - 4) \text{ m} = 10 \text{ m} \cdot 6 \text{ m} = $ 60 m²

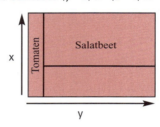

Übung 12: Streckenlänge bis ins Moor:

$17 \text{ cm} \cdot 35.000 = 595.000 \text{ cm} = 5950 \text{ m}$

Benötigte Minuten: $\dfrac{5950 \text{ m}}{350 \; \frac{\text{m}}{\text{min}}} = $ 17 min

Übung 13: Schläge zur vollen Stunde:
$(1 + 2 + 3 + 4 + 5 + 6 + 7 + 8 + 9 + 10 + 11 + 12) \cdot 2 = 156$
Schläge zur halben Stunde: 24

Schläge insgesamt: $156 + 24 = $ 180

Übung 14: $113 + 131 + 311 + 122 + 203 + 212 + 221 + 230 + 302 + 320 + 401 + 410 + 104 + 140 + 500 = $ 3720

Übung 15: Länge: 5000 cm = 50 m, Breite: 150 dm = 15 m,
Höhe: 2 m 500 mm = 250 cm
Höhe des Wasserspiegels: 250 cm − 15 cm = 235 cm = 2,35 m

Benötigte Kubikmeter Wasser: $50 \text{ m} \cdot 15 \text{ m} \cdot 2,35 \text{ m} = $ 1762,5 m³

Übung 16: Es gibt sehr viele Möglichkeiten – du kannst selbst überprüfen, ob deine Lösung stimmt.

Hier sind 3 Beispiele für richtige Lösungen:

	2	
4		6
1		8
3		5
	7	

	2	
5		7
1		3
6		8
	4	

	5	
1		3
6		8
2		4
	7	

Übung 17: Lösung mit dem Sieb des Eratosthenes:
1) Schreibe die Zahlen von 1 bis 50 auf!
2) Streiche die 1, sie ist keine Primzahl!
3) Die 2 ist eine Primzahl, markiere sie und streiche alle Zahlen, die durch 2 teilbar sind!
4) Gehe zur nächsten Zahl, die nicht durchgestrichen ist! Sie ist wieder eine Primzahl.
5) Streiche alle Zahlen, die durch diese Zahl teilbar sind!
6) Gehe wieder zu Schritt 4) und wiederhole Schritt 4) und 5) so lange, bis alle Zahlen entweder als Primzahl markiert oder durchgestrichen sind!

Am Ende erhältst du folgendes Ergebnis:

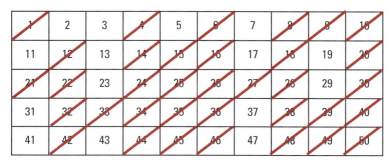

Anzahl der Primzahlen von 1–50: 15

Übung 18: Preis Boutique Schick: 24 €
Preis Versandhaus: 0,9 · 25 € + 1,25 € = 23,75 €

Übung 19: Verspätung: 18 min − 3 · 3 min = 18 min − 9 min = 9 min
Ankunft: 16:07 Uhr + 9 min = 16:16 Uhr

Übung 20: Mögliche Zahlen als Platzhalter: 0–9 = 10
Anzahl der möglichen Ziffernfolgen: 10 · 10 · 10 = 10^3 (Zählprinzip)
$\Rightarrow$ Benötigte Zeit: 1000 · 4 sec = 4000 sec

Übung 21: Auswertung der Informationen:
- Kein Teilnehmer hat dieselbe Punktzahl.
  $\Rightarrow$ eindeutige Platzierung
- Amanda (A) war besser als Richard (R).
  $\Rightarrow$ R < A
- Aber sie war nicht so gut wie Ines (I).
  $\Rightarrow$ A < I
- Ines hat einen Punkt weniger als Max (M).
  $\Rightarrow$ I < M
- Tom (T) erreichte weniger Punkte als Richard.
  $\Rightarrow$ T < R
- Kerstin (K) war nur besser als Tom.
  $\Rightarrow$ T < K < A, R, M, I

Zusammenfassung: T < K < R < A < I < M
1. Max, 2. Ines, 3. Amanda, 4. Richard, 5. Kerstin, 6. Tom
Rechnung: (1 + 3) · 8 = 4 · 8 = 32

Übung 22: Verwende das Ausschlussverfahren!

Haus 1	Haus 2	Haus 3
~~Rot~~	Rot	~~Rot~~
Weiß	Weiß	~~Weiß~~
~~Gelb~~	Gelb	Gelb
Keiner	Keiner	~~Keiner~~
Postbeamter	Postbeamter	~~Postbeamter~~
~~Mittelsmann~~	Mittelsmann	Mittelsmann

1. Information: Das weiße Haus steht links des gelben Hauses.
=> Das gelbe Haus ist nicht ganz links.
=> Das weiße Haus ist nicht ganz rechts.

2. Information: Der Postbeamte wohnt links von meinem Mittelsmann.
=> Der Postbeamte wohnt nicht ganz rechts.
=> Der Mittelsmann wohnt nicht ganz links.

3. Information: Das rote Haus steht rechts vom leer stehenden Haus.
=> Das rote Haus steht nicht ganz links.
=> Das leer stehende Haus steht nicht ganz rechts.

Wir wissen nun, dass das Haus Nummer 1 weiß ist und der Mittelsmann im Haus Nummer 3 wohnt.

4. Information: Der Mittelsmann wohnt rechts des roten Hauses.
=> Das rote Haus kann nicht ganz rechts stehen.

Haus 3 muss also gelb sein! Die Lösungszahl ist 67.

Übung 23: Netz 5 wird nie ein Würfel werden. Wenn du es dir im Kopf nicht vorstellen kannst, bastle die Netze nach und versuche, Würfel herzustellen. Es funktioniert mit allen Netzen außer Netz 5.

Übung 24: Anzahl der Häuser von 1 bis 143: $\frac{144}{2}$ = 72 (normal gezählt)

Anzahl der Häuser von 1 bis 75: $\frac{76}{2}$ (von der anderen Seite aus gezählt)

Haus Nummer 145 (bzw. 77): 1

=> Anzahl der Häuser mit ungeraden Nummern:
72 + 1 + 38 = 111

Übung 25: Martin, Hannes und Julian altern pro Jahr zusammen um 3 Jahre.
x = Anzahl der Jahre
=> $11 + 10 + 9 + 3x = 99$
$3x = 99 - 30$
$3x = 69$
$x = 23$

Übung 26: Art der Rechtecke/Anzahl

▭	11
▭▭	7
▭▭▭	4
▭▭▭▭	2
▭▭▭▭▭	1

1×4 (vertikal): 1
1×3 (vertikal): 3
1×2 (vertikal): 6

2×2: 3
2×3: 1
3×2: 1

=> 40

Übung 27:

6. Dezember	Freitage	Montage
Montag	3., 10., 17., 24., 31. => 5	6., 13., 20., 27. => 4
Dienstag	2., 9., 16., 23., 30. => 5	5., 12., 19., 26. => 4
Mittwoch	1., 8., 15., 22., 29. => 5	4., 11., 18., 25. => 4
Donnerstag	7., 14., 21., 28. => 4	3., 10., 17., 24., 31. => 5
Freitag	6., 13., 20., 27. => 4	2., 9., 16., 23., 30. => 5
Samstag	5., 12., 19., 26. => 4	1., 8., 15., 22., 29. => 5
Sonntag	4., 11., 18., 25. => 4	7., 14., 21., 28. => 4

Die Lösungszahl ist 97.

Übung 28: $\frac{1}{4}(\frac{1}{3}x + \frac{1}{5}x) + \frac{1}{2}(x - \frac{1}{3}x - \frac{1}{5}x) = 231\ €$

$\frac{1}{12}x + \frac{1}{20}x + \frac{1}{2}x - \frac{1}{6}x - \frac{1}{10}x = 231\ €$

$\frac{5}{60}x + \frac{3}{60}x + \frac{30}{60}x - \frac{10}{60}x - \frac{6}{60}x = 231\ €$

$\frac{5 + 3 + 30 - 10 - 6}{60}x = 231\ €$

$\frac{22}{60}x = 231\ €$

$x = \frac{60}{22} \cdot 231\ €$

$x = 630\ €$

Übung 29: Berechnung der Grundfläche: Aufteilen in 3 Flächen!

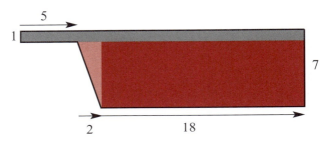

- A: $1 \text{ m} \cdot (18 + 2 + 5) \text{ m} = 25 \text{ m}^2$

- B: $\frac{1}{2} \cdot 2 \text{ m} \cdot (7 - 1) \text{ m} = 6 \text{ m}^2$

- C: $18 \text{ m} \cdot (7 - 1) \text{ m} = 108 \text{ m}^2$

=> Grundfläche: $25 \text{ m}^2 + 6 \text{ m}^2 + 108 \text{ m}^2 = 139 \text{ m}^2$

Volumen: $139 \text{ m}^2 \cdot 5 \text{ m} = 695 \text{ m}^3$

Übung 30: Anzahl der Seiten in der Zeitung: 47 + 17 = 64

64 · 2 = 128

Übung 31: Kirsty hat unrecht.
Ursprungspreis: 987 £
Preis nach der 1. Preisveränderung (− 10 %): 987 £ · 0,9 = 888,3 £
Preis nach der 2. Preisveränderung (+ 10 %): 888,3 £ · 1,1 = 977,13 £

Preisunterschied: 987 £ − 977,13 £ = 9,87 £

Übung 32:

Tür	Anzahl der Fehlversuche
1. Tür	≤ 9
2. Tür	≤ 8
3. Tür	≤ 7

Tür	Anzahl der Fehlversuche
4. Tür	≤ 6
5. Tür	≤ 5
6. Tür	≤ 4
7. Tür	≤ 3
8. Tür	≤ 2
9. Tür	≤ 1
10. Tür	= 0
	≤ 45

Übung 33: Verfahre nach dem Ausschlussprinzip!

Pete	~~Elefant~~	Pferd	~~Storch~~	~~Pinguin~~
Tim	Elefant	~~Pferd~~	~~Storch~~	~~Pinguin~~
Luke	~~Elefant~~	~~Pferd~~	Storch	~~Pinguin~~
Wendy	~~Elefant~~	~~Pferd~~	~~Storch~~	Pinguin

1. Information: Luke hat einen Schnabel.
=> Luke ≠ Elefant und Luke ≠ Pferd

2. Information: Pete geht auf allen Vieren.
=> Pete ≠ Storch und Pete ≠ Pinguin

3. Information: Tims Tier ist größer als das von Pete und geht ebenfalls auf allen Vieren.
=> Pete = Pferd; Pete ≠ Elefant; Tim = Elefant;
Tim ≠ Pferd, Pinguin, Storch; Wendy ≠ Elefant; Wendy ≠ Pferd

4. Information: Wendy hat keine roten Beine.
=> Wendy ≠ Storch; Wendy = Pinguin; Luke = Storch

=> Die Lösungszahl ist 13.

Übung 34:

1. Urlaubstag	Sturmtage	Sonnentage	Regentage
Montag	7	13	3
Dienstag	7	13	3
Mittwoch	7	13	3
Donnerstag	6	14	3
Freitag	6	13	4
Samstag	6	13	4
Sonntag	7	13	3

=> Die Lösungszahl ist die 94.

Übung 35: Geburtsjahr: MDCCCLVIII = 1858, Sterbejahr: MCMXXXII = 1932

Alter: 1932 − 1858 = 74

Übung 36: KIRSTY => 6 verschiedene Buchstaben

$6 \cdot 5 \cdot 4 \cdot 3 \cdot 2 \cdot 1$ (Zählprinzip) − 1 (denn KIRSTY ist nicht das Passwort) = 719

Übung 37: AE = 4 m

• AB = CE = 1,1 m

• AC = AE − CE = 4 m − 1,1 m = 2,9 m

• AD = $\frac{7}{10} \cdot 4$ m = 2,8 m

1,1 m < 2,8 m < 2,9 m => BDC => 26
AB   AD   AC

Übung 38: Die Lösung kann durch Ausprobieren gefunden werden.
Wähle eine Zahl, z. B. 56: => $55 \cdot 57 = 3135 > 2915$

Du musst eine kleinere Zahl wählen,
z. B. 53: => $52 \cdot 54 = 2808 < 2915$

Du weißt nun, dass für die gesuchte Zahl x Folgendes gilt:
53 < x < 56

Probiere die Zahl 54 aus: => 53 · 55 = 2915
Die gesuchte Zahl ist 54.

Übung 39: 16 · 23 Cent · 365 = 134.320 Cent = 1343,20 €

Übung 40: Drehe die Würfel im Kopf so, dass sie in der gleichen Lage liegen. Als Orientierung dient die farbige Fläche. Kippe den linken Würfel, sodass diese oben liegt. Drehe den Würfel nun derart, dass man den Stern und den Ring von vorn nicht mehr sieht. Man kommt zu dem Schluss, dass der Stern dem Kreuz gegenüberliegen muss! Die Lösungszahl ist 42.

Übung 41: Aus den bereits fertigen Mobiles kann man folgende Informationen ablesen:

✡ = ☾ + ★ = ☾ + ☾ − ★ = ★ + ★ + ★ + ★ − ★
 = ★ + ★ + ★

☾ + ☾ = ✡ + ★ = ☾ + ★ + ★ => ☾ = ★ + ★

Daraus ergibt sich für das neue Mobile:

✡ + ☾ + ★ = ☾ + ☾ + ☾ = ☾ + ★ + ★ + ★ + ★
 = ★ + ★ + ★ + ★ + ★ + ★

=> Ohne Mond müssen 6 Sterne, mit Mond 4 Sterne verwendet werden.

6 + 4 = 10

Übung 42: x = Anzahl der Besuche
1,80 £ · x > 14 £
x = 8
=> 8 + 11 = 19

Übung 43: Abzählen aus verschiedenen Blickrichtungen:

Blickrichtung	Anzahl Vierecke
Vorn	6
Hinten	6
Rechts	6
Links	6
Oben	6
Unten	6
	36

Übung 44: Volumen Glasvitrine: 8 cm · 8 cm · 8 cm = 512 cm³
Volumen eines Würfels: 2 cm · 2 cm · 2 cm = 8 cm³

Anzahl der Würfel: $\frac{512 \text{ cm}^3}{8 \text{ cm}^3} = 64$

Übung 45: Anzahl der einfarbigen Steine: 7
Anzahl der zweifarbigen Steine:

$$\binom{7}{2} = \frac{7!}{5! \cdot 2!} = 21$$

(Es kommt nicht auf die Reihenfolge an, da man die Steine beliebig drehen kann.)
$\Rightarrow$ 21 + 7 = 28

Übung 46: Fläche Garten gesamt: $\frac{1}{2}$ (20 + 30) m · 10 m = 250 m²
(Trapez mit Höhe 10 m)
Fläche des Weges: 3 m · 10 m = 30 m²
(Parallelogramm mit Höhe 10 m)
Mähfläche: 250 m² − 30 m² = 220 m²

Übung 47: x = Anzahl der Tage
4 + x = 1,5x
4 = 0,5x
x = 8

Übung 48: • Wenn Arno richtig getippt hätte, wäre er nicht der Sieger, also ist seine Vermutung falsch.
• Wenn Christian richtig getippt hätte, wäre Arno der Sieger und nicht er. Somit ist seine Vermutung ebenfalls falsch.
• Wenn Daniela richtig getippt hätte, wäre Christian der Sieger. Ihre Vermutung ist ebenfalls falsch.
=> Biancas Vermutung ist richtig.
Bianca ist Siegerin, Arno Zweiter, Christian Dritter und Daniela Vierte.

Die Lösungszahl ist die 4.

Übung 49: Kosten:
• Herberge: 28 · 5 · 20 € =   2800 €
• Busfahrt: 576 €
• Tierpark: 54 €
• Museumsbesuch: 28 · 1,50 € =   42 €
                                 3472 €

Übung 50: 5 kg – 2 · 1 kg – 233,3 g – 2376 mg – 999 g – 1276 g =
5000 g – 2000 g – 233,3 g – 2,376 g – 999 g – 1276 g = 489,324 g

Übung 51: x = Anzahl der Autos
$4 \cdot x + 2 \cdot 18 = 224$
$4x = 224 - 36$
$4x = 188$
$x = 47$

Übung 52: Der Korb ist 30 cm lang und 16 cm breit. Das Loch im Zaun ist 20 cm lang und 9 cm hoch. Wenn man kurz überlegt, sieht man, dass man gar nicht zu rechnen braucht. Man benötigt nur eine Angabe: Die Höhe des Lochs. Genauso hoch darf der Korb sein, also 9 cm.

Übung 53: x = Anzahl der Reagenzgläser in Max' Karton
$(x + 5) + x = 29$
$2x + 5 = 29$
$2x = 24$
$x = 12$

=> Anzahl der Gläser in Amandas Karton: $x - 5 = 12 - 5 = 7$

Übung 54: Anzahl der günstigen Ereignisse: 1
Anzahl der möglichen Ereignisse: 6

$$\Rightarrow \frac{1}{6}$$

Übung 55: Für jede Stelle hat man 4 Möglichkeiten:
$4 \cdot 4 \cdot 4 \cdot 4 = 256$ (Zählprinzip)

Übung 56: $151 + 5 \cdot 6 = 181$

Übung 57:

Datum	Kontostand
31.06.	310 €
01.07.	340 €
15.07.	140 €
01.08.	170 €
15.08.	– 30 €
01.09.	0 €
15.09.	– 200 €
01.10.	– 170 €
15.10.	– 370 €
01.11.	– 340 €
15.11.	– 540 € > 400 €

Übung 58: Fläche Bauplatz: $45{,}5 \text{ m} \cdot 22{,}2 \text{ m} = 1010{,}1 \text{ m}^2$
Preis: $1010{,}1 \cdot 314{,}40 \text{ €} = 317.575{,}44 \text{ €}$

Übung 59: x = Bananenmenge

$$x \cdot \frac{0{,}012}{100} = 100 \text{ mg}$$

$$x \cdot 0{,}00012 = 0{,}1 \text{ g}$$

$$x = \frac{0{,}1}{0{,}00012} \text{ g} = 833{,}\overline{3} \text{ g} = 833\frac{1}{3} \text{ g}$$

Übung 60: $\frac{1}{2}x + \frac{1}{4}x + \frac{1}{8}x + \frac{1}{16}x + 1000 = x$

$x - \frac{1}{2}x - \frac{1}{4}x - \frac{1}{8}x - \frac{1}{16}x = 1000$

$\frac{16}{16}x - \frac{8}{16}x - \frac{4}{16}x - \frac{2}{16}x - \frac{1}{16}x = 1000$

$\frac{16 - 8 - 4 - 2 - 1}{16}x = 1000$

$\frac{1}{16}x = 1000$

$x = 16000$

Alternativ: $\left(\frac{1}{2} \cdot \left(\frac{1}{2} \cdot \left(\frac{1}{2} \cdot \left(\frac{1}{2}x\right)\right)\right)\right) = 1000$

$\frac{1}{16}x = 1000$

$x = 16000$

Übung 61: x = Preis Kuchen, y = Preis Nussschnecke
$z = 2x + 3y = 15$ (wobei $x > y$)

x	2	3	3	4	4	4	5	5	5	5	6	6	6	6	6	7
y	1	1	2	1	2	3	1	2	3	4	1	2	3	4	5	1
z	7	9	12	11	14	17	13	16	19	22	15	18	21	24	27	17

Übung 62: Wähle für jede der 5 Stellen (von vorn beginnend) die kleinste mögliche Ziffer unter den Bedingungen:

- Jede Ziffer darf nur ein Mal vorkommen.
- An der ersten Stelle darf nicht die Null stehen.
- Benachbarte Ziffern dürfen nicht nebeneinander stehen.

=> 1 3 0 2 4

Lösungen Abschlusstest

Übung 1: a) $2 \cdot 3 \cdot 5 = 30$ b) $4 \cdot 3 \cdot 2 \cdot 1 = 24$

Übung 2: $55{,}5$ g $+ 0{,}02$ kg $+ 222$ g $+ 5 \cdot 2355$ mg $=$
$55{,}5$ g $+ 0{,}02$ kg $+ 222$ g $+ 11.775$ mg $=$
$0{,}0555$ kg $+ 0{,}02$ kg $+ 0{,}222$ kg $+ 0{,}011775$ kg $= 0{,}309275$ kg

Übung 3: Fläche ▭ + Fläche △ $= 10$ cm $\cdot 30$ cm $+ \frac{1}{2} \cdot 20$ cm $\cdot 10$ cm $=$
300 cm² $+ 100$ cm² $= 400$ cm²

Übung 4: a) $131 =$ Primzahl c) $175 = 5^2 \cdot 7$
b) $56 = 2^3 \cdot 7$ d) $67 =$ Primzahl

Übung 5: Eine Pyramide.

Übung 6: $4 \cdot 10{,}25$ € $+ 35{,}17$ € $- 25{,}53$ € $+ 20$ € $- 35{,}17$ € $= 35{,}47$ €

Übung 7: 16, 32, 64, 128

Übung 8: $\frac{2}{5} + \frac{1}{4} + \frac{1}{3} + \frac{2}{9} = \frac{8}{20} + \frac{5}{20} + \frac{3}{9} + \frac{2}{9} = \frac{13}{20} + \frac{5}{9} = \frac{117}{180} + \frac{100}{180} = \frac{217}{180} > 1$

Die Verteilung funktioniert nicht.

Übung 9: 22 % von 41 € $= 41$ € $\cdot \frac{22}{100} = \frac{902}{100}$ € $= 9{,}02$ €

41 € $- 9{,}02$ € $= 31{,}98$ €

Übung 10: $57 : 3 + 21 = 40$

Lösungsschlüssel

Lösung	Weiter auf Seite	Lösung	Weiter auf Seite
$\frac{1}{6}$	29	64	9
$\frac{4}{9}$	69	67	41
3	93	74	50
4	24	75	21
5	64	80	33
6	62	84	51
7	6	94	22
8	99	97	73
9	15	111	8
9,87	34	128	37
10	26	180	17
11:33	45	181	101
13	81 unten	220	53
15	11	256	39
15.11	90	346	36
16:16	55	489,324	49
17	46	630	44
19	23	695	16
23	57	719	79
23,75	95	$833\frac{1}{3}$	65
24	13	1343,20	30
26	12	1600	76
28	97	1689	89
32	19	1762,5	71
36	96	3472	91
40	85	3720	42
42	75	4000	48
45	61	13024	81 oben
47	59	16000	82
54	27	317575,44	87
60	78		

Schüler-Lernkrimis ab der 5. Klasse

Schüler-Lernkrimi
Mathematik

Schüler-Lernkrimi
Naturwissenschaften

Schüler-Lernkrimi
Deutsch

Schrecken hoch drei ISBN 978-3-8174-9027-1 ab 5. Klasse **Der geheimnisvolle Rivale** ISBN 978-3-8174-7720-3 ab 5. Klasse **Schatten in der Einsteinallee** ISBN 978-3-8174-7454-7 ab 5. Klasse	<u>Physik</u> **Der geheimnisvolle Code** ISBN 978-3-8174-7671-8 ab 5. Klasse	**Angst auf Amrum** ISBN 978-3-8174-7499-8 ab 5. Klasse **Das Präsent aus Panama** ISBN 978-3-8174-7455-4 ab 5. Klasse
	<u>Chemie</u> **Panik im Labor** ISBN 978-3-8174-7721-0 ab 5. Klasse	

Schüler-Lernkrimis ab dem 3. Lernjahr

Schüler-Lernkrimi
Latein

Schüler-Lernkrimi
Englisch

Schüler-Lernkrimi
Französisch u. Spanisch

Der Feuerteufel von Rom ISBN 978-3-8174-7448-6 ab 3. Lernjahr **Der Münzfälscher von Rom** ISBN 978-3-8174-7672-5 ab 3. Lernjahr	**Eiskalte Rache** ISBN 978-3-8174-7612-1 ab 3. Lernjahr **Tatort Schließfach** ISBN 978-3-8174-7611-4 ab 3. Lernjahr **Ultimatum per SMS** ISBN 978-3-8174-7823-1 ab 3. Lernjahr	<u>Französisch</u> **Stadt im Dunkel** ISBN 978-3-8174-7613-8 ab 3. Lernjahr **Diebstahl in der Rue St. Jacques** ISBN 978-3-8174-7877-4 ab 3. Lernjahr
<u>Kurzkrimis</u> **Giftmord im Kolosseum** ISBN 978-3-8174-7859-0 ab 3. Lernjahr	<u>Sammelband</u> **Teen Crime Club** ISBN 978-3-8174-7899-6 ab 3. Lernjahr	<u>Spanisch</u> **Heiße Spur auf Ibiza** ISBN 978-3-8174-7622-0 ab 3. Lernjahr

Compact Lernkrimis – Spannend Sprachen lernen

In der erfolgreichen Reihe sind erhältlich

- Compact Lernkrimis
- Compact Schüler-Lernkrimis
- Compact Lernkrimi History
- Compact Lernkrimi Kurzkrimis
- Compact Lernthriller
- Compact Lernstories Mystery
- Compact Lernkrimi Sprachkurse
- Compact Lernkrimi Hörbücher
- Compact Lernkrimi Audio-Learning

Sprachen
- Englisch, American English, Business English
- Französisch
- Spanisch
- Italienisch
- Deutsch als Fremdsprache

Lernziele
- Grundwortschatz
- Aufbauwortschatz
- Grammatik
- Konversation

Weitere Informationen unter
www.lernkrimi.de